à M. Gustave Schlumberger,
membre de l'Institut
— hommage de l'auteur
Cte Thoinet

Jehan de LOUVEGNY

APOTHICAIRE AMIÉNOIS

de 1487 à 1520

Jehan de LOUVEGNY

APOTHICAIRE AMIÉNOIS
de 1487 à 1520

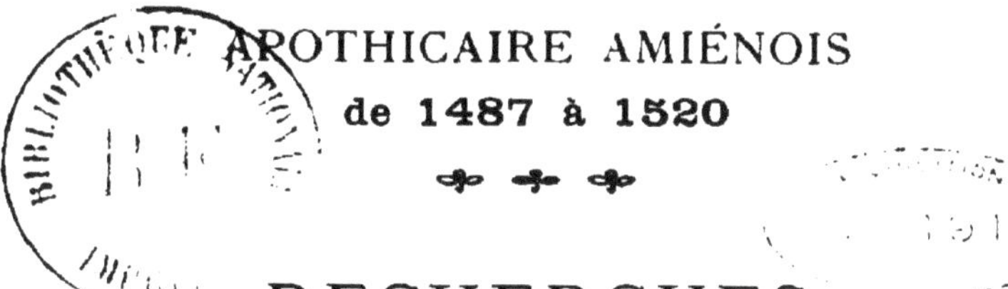

RECHERCHES

sur

La Pharmacopée et l'Ameublement au XVIᵉ siècle

D'APRÈS SON INVENTAIRE

(AVEC DESSINS ET PLANCHES HORS TEXTES)

PAR

Oct. THOREL

Conseiller à la Cour d'Appel d'Amiens,
Membre titulaire résidant de la Société des Antiquaires
de Picardie
et de l'Académie d'Amiens

PRIX : 5 Francs

AMIENS

Yvert et Tellier, Imprimeurs   Courtin-Hecquet, Libraire
Rue des Jacobins, 37   Rue Delambre, 32

1906

Jehan de LOUVEGNY

APOTHICAIRE AMIÉNOIS

de 1487 à 1520

CHAPITRE I

But et plan de ce travail

Lorsqu'on étudie l'histoire d'Amiens, on reste frappé de l'attrait tout particulier qui s'attache à la seconde moitié du xv° siècle et au premier quart du suivant, c'est-à-dire au déclin du Moyen-Age et à l'aurore de la Renaissance.

Nos archives municipales fourmillent de liasses relatives au commerce, à l'industrie, aux beaux arts et aux diverses corporations de cette époque.

En revanche, elles ne renferment que de bien rares documents concernant les apothicaires, en dehors d'une ordonnance de l'échevinage de 1502, réglementant spécialement, pour la première fois, leur corporation dans notre ville.

A cette date, Jehan de Louvegny, tenait boutique d'apothicairerie, rue des Orfèvres, dans la maison dite du *Fauconnier*, où il devait, dix-huit ans plus tard, passer de vie à trépas.

Notre regretté confrère et ami, M. G. Boudon, nous a confié l'inventaire fait au décès de J. de Louvegny, pièce qu'il avait copiée sur l'original avec une extrême exactitude. C'est donc à lui surtout que le lecteur devra reporter le mérite de cette étude, s'il s'y en trouve quelqu'un.

Dans son étude sur les documents tirés des anciennes minutes de notaires, déposées aux archives de l'Yonne, M. Eugène Drot explique, en termes excellents, l'intérêt que présentent les vieux inventaires en général.

« Aucuns documents ne peuvent mieux qu'eux,
« dit-il, initier à la vie sociale de nos ancêtres.
« Par la promenade qu'ils nous font faire de la
« cave au grenier, par la description qu'ils don-
« nent des objets contenus dans chaque pièce, ils
« sont une véritable photographie, sur laquelle il
« suffit de jeter les yeux, pour en saisir l'ensemble.

« Habitation, mobilier, costume, linge, vais-
« selle d'argenterie, d'étain ou de terre, armes,
« bijoux, objets rares ou curieux, intérieurs de
« boutiques, matériel et outillage professionnels,
« enfin tout ce qui constitue l'existence d'autre-
« fois s'y trouve représenté. » (1)

L'inventaire que nous reproduisons aujourd'hui étant, pour ainsi parler, le pivot, comme aussi le principal but de cet essai, nous ne pouvions penser à faire ici l'histoire des apothicaires, qui,

(1) Bull. Yonne 99, p. 132. — Nota : Le lecteur trouvera, au chap. II, les abréviations des références.

à l'origine, se confond nécessairement avec celle des médecins et des chirurgiens.

Elle nous eût fait remonter bien haut, s'il est établi que le premier médecin fut un chinois, Chinnong, mort l'an 2699 avant Jésus-Christ, après avoir laissé un herbier pharmaceutique (1).

Mais même l'étude des médicaments tirés des trois ordres de la nature et constituant la thérapeutique médicale ou pharmaco-thérapeutique ne nous aurait pas permis de franchir un assez grand nombre de siècles, pour nous amener de plain-pied dans un sujet relativement moderne.

Laissant également de côté les auteurs plus récents, qui ont *formulé* : Dioscoride, Galien, Lusitanus, Rufus, Aétius, Pline, Avicenne, Philostrate, Celse, Hippocrate, Mésué et autres, contentons-nous de signaler que l'on trouve, dans toutes les médecines antiques, les éléments de la thérapeutique du Moyen-Age (2). Il n'y a point là de quoi s'étonner, quand on songe combien sont vivaces encore, dans nos campagnes surtout, les plus anciennes superstitions remontant à l'époque où fleurissaient l'astrologie, la chiromancie, la sorcellerie, la magie, les grimoires, les conjurations (3).

Mais ici se place une observation générale, qui ressort de l'examen des divers inventaires que nous avons consultés en vue de cette étude.

(1) V. Illust. n° 30 oct. 1903, et Pontier. chap. Ier et ss.
(2) Coulon, *passim*.
(3) Sur les conjurations, V. Réb. pic. p. 65 et la note.

On peut remarquer que, dans les plus anciennes pharmacopées du Moyen-Age, les recettes contre les maladies des yeux sont de beaucoup les plus nombreuses.

Est-ce donc que nos ancêtres étaient particulièrement sujets aux ophtalmies de toutes sortes? On en rechercherait vainement la raison. Selon nous, toutes ces recettes sont un héritage de l'occupation romaine, longue de plusieurs siècles.

On sait que les envahisseurs, habitués à un climat extrêmement doux, se protégeaient contre nos froids et nos brouillards par des *feux de camp* installés dans de si déplorables conditions que la fumée les aveuglait. Aussi étaient-ils accompagnés de médecins oculistes, qui, le plus souvent, étaient des affranchis.

Ces oculistes signaient leurs drogues d'une empreinte, d'un cachet (1), généralement en stéatite. Le musée d'Amiens possède une de ces intailles trouvée dans cette ville; elle porte, sur trois de ses faces, des lettres écrites à rebours, avec une dépouille facilitant l'extraction du cachet de la substance sur laquelle il était imprimé. Chacune des faces servait respectivement pour des collyres préparés au vinaigre, au nard et à l'encens (2).

Encore moins avons-nous voulu donner à ce travail un intérêt anecdotique, en reproduisant

---

(1) Sichel, p. 146 ; Dan. p. 242 à 244.
(2) Garnier, *op. cit.* Encens n° 284 inv. : Nard, n° 181, id.

tous les curieux médicaments empiriques, les moyens prophylactiques et thérapeutiques étranges employés en cas de migraine, d'asthme, de taies sur les yeux, de palpitations, de jaunisse, de goutte, de calvitie, de pleurésie, d'hydropisie et même... de tiédeur des sens (1) ; tant il est vrai de dire que rien n'est nouveau sous le soleil.

Le lecteur pourra à ce sujet utilement consulter les ouvrages mentionnés dans l'inventaire de Blaise de Dijon (1482) (2) ; de nombreux traités de médecine, provenant de la bibliothèque des Augustins d'Amiens (3), Jérome de Monteux (4), Lisset Benancio (5), et enfin « Les Médicaments » de Franklin (6).

(1) Ces médicaments excentriques ont eu la vie dure. On les retrouve encore dans les œuvres de Jean Guenrot, médecin de François Ier, de Jérome de Monteux, médecin ordinaire de Henri II, d'Ambroise Paré, de Van Helmont, de Charras et de Lémery (Frank. p. 103 et ss.)

(2) Dorv. Blaise, p. 21 et ss.

(3) Article signé Aug. Lenoir (Mémorial d'Amiens du 29 mars 1904). Citons à titre d'exemple pris entre cent : « *Pour les fièvres malignes :* User de sels volatils de vipère, « de crâne humain, de sang humain, d'urine, de corne de « cerf, d'ivoire ; ou encore *Pour faire taire les grenouilles :* « faire brûler dans une lampe une pâte composée de graisse « de crocodile et de cire blanche. » Il faut avouer que le geste de Ste Ulphe, imposant le silence aux grenouilles légendaires des marais de Fouencamps, est plus élégant.

(4) Mont. p. 177. — Adde : l'*Evangile des Quenouilles* Ed. Elzév. p. 42 et ss.

(5) Lis. Ben. *passim*.

(6) Frank, *passim*.

Cependant nous devons ici une mention toute spéciale à un manuscrit du xiii⁰ siècle, de la bibliothèque de Cambrai (1), contenant quatre-vingts recettes compliquées, relevant bien plutôt de l'empirisme que de la pharmacopée proprement dite, mais qui, si elles sont aussi ridicules que celles mentionnées dans la note qui précède, ont tout au moins le mérite d'être rédigées dans un patois où nous avons retrouvé de vieilles expressions picardes, tombées en désuétude (2).

Donc, après nous être ainsi débarrassé des généralités qui ne sauraient être de mise dans cette

----

(1) Coulon, *passim*.

(2) Exceptionnellement citons un médicament composé de drogues se trouvant presque toutes chez de Louvegny, et par nous relevé dans le MS. X... (de M. Rattel) p. 216.

« Elixir dont la recette a été trouvée chez le Dr Girvy,
« médecin suédois, mort à 105 ans d'une chute de cheval.
« Ce secret était dans sa famille depuis plusieurs siècles :
« son ayeul a vécu 130 ans, son père 112 et sa mère 107,
« par l'usage journalier de cet élexir (*sic*) matin et soir
« dans une cuillerée de thé, de vin ou de bouillon.

« Préparation :

« 1 once 1 gros d'aloès sucotrin (n° 17 Inv.)
« 1 gros de zédoaire.
« 1 gros d'agaric qui vient sur le mélèze (n° 147 id.)
« 1 gros de gentiane.
« 1 gros de saffran oriental (n° 200 id.)
« 1 gros de rubarbe fine (n° 33 id.)
« 1 gros de thériaque de Venise (n° 131 id).
« 1 pinte de bonne eau de vie (n° 230 id). »

monographie, nous avons tenté de donner à cet
essai sa couleur locale, picarde, amiénoise (1), en
nous entourant de documents authentiques ; et
c'est seulement par accident que nous ferons
œuvre d'imagination pour reconstituer un passé
disparu : encore en préviendrons-nous le lecteur.

Ainsi va se montrer à nous Jehan de Louvegny,
apothicaire à Amiens, de 1487 à 1520, tantôt en
son harnois d'apparat, tantôt en habit de travail
et même *accoustré* pour le guet ou pour la garde
des portes.

Grâce aux notes, documents et plans concernant
le vieil Amiens, qu'a bien voulu nous communi-
quer notre vénéré confrère, M. Pinsard, nous
avons pu reconstituer les parties de la maison de
la rue des Orfèvres, qui, de 1502 à sa mort, devaient être les témoins de l'activité professionnelle
de Jehan de Louvegny.

A ce point de vue particulier, le seul intéressant

(1) A ce titre, nous devons citer (Gran. p. 51) « une re-
« cette contre les douleurs de cause froide. Elle fut for-
« mulée par M' Martin, médecin du Cardinal d'Amiens, et
« préparée en la boutique de Jacques de Nyère, apothi-
« caire et espicier de la ville d'Avignon, l'an 1400, au mois
« de novembre : Prends de fleurs de violettes, etc... fais-en
« une potion à prendre le lendemain à la septième heure
« du matin. »
Ce cardinal d'Amiens n'est autre que Jean de la Grange,
évêque d'Amiens de 1373 à 1375, depuis engagé dans l'o-
bédience du pape d'Avignon, et qui mourut dans cette
ville, le 24 avril 1402. Soy. p. 1001. — V. sa statue, Dur.
N. D. A. (t. I. p. 487).

en l'espèce, la façade, la boutique, le laboratoire et la cave sont devenus l'occasion d'observations dont quelques unes paraissent neuves.

Enfin, après avoir reproduit *in extenso* ou par extraits les principales ordonnances royales ou de l'échevinage d'Amiens, contemporaines de J. de Louvegny ou pouvant les compléter, nous avons étudié l'inventaire article par article, en mettant sous chacun de ses numéros des notes explicatives plus ou moins détaillées.

L'inventaire des drogues, purement technique, est d'une particulière aridité ; celui du mobilier proprement dit éclaire parfois d'un jour nouveau, nous l'espérons du moins, l'intérieur d'une maison bourgeoise à Amiens au commencement du xvi° siècle ; vient enfin l'inventaire des papiers, qui ne donne ouverture à aucune remarque importante, mais qui, on le comprend, ne pouvait être distrait des premiers, sans mutiler tout l'ensemble.

Un travail portant sur des sujets si divers est forcément documenté. Aussi avons-nous mis immédiatement, après cet avant-propos, la liste des principaux ouvrages consultés, avec leurs références, permettant au lecteur de se reporter aux sources aussi facilement que possible.

Un court chapitre conclusionnel, un index alphabétique des objets portés en l'inventaire et enfin une table des matières complètent ce travail.

Qu'il me soit permis, en terminant, de remercier ici plus particulièrement deux de mes distingués confrères, M. R. de Guyencourt, dont les judicieuses critiques m'ont été bien précieuses, et M. G. Durand, archiviste de la Somme, qui, au cours de son dépouillement des archives de la ville d'Amiens, non encore publiées à ce jour (1), m'a communiqué des pièces intéressantes relatives à Jehan de Louvegny.

(1) Série FF, notamment de 1505 à 1511.

CHAPITRE II

Liste alphabétique par noms d'auteurs des principaux ouvrages consultés, avec l'abréviation des références.

Archives communales de la ville d'Amiens, Série AA. Registre N, folio...

    Arch. Comm , S, AA., N. f°...

Archives du département de la Somme, Série E. 1073, armoire 1, liasse 44, n°ˢ 17 et 18.

    Arch. Somme, S. E. 1073, A. I. L. 44, n°ˢ 17, 18.

Beauvillé (V. de), (Recueil de documents inédits, concernant la Picardie.) Paris, Imp. nat. MDCCCLX, tome I, page...

    Beauv. p...

Berthelot, (Grande encyclopédie) Paris, Ladmirault.

    Berthelot. V°.

Boileau (Etienne), (Le livre des métiers), Paris, Chapelet, 1837.

    Boileau, p...

Calonne (Le Baron A. de), (Histoire de la ville d'Amiens.) Amiens. Piteux, 1899, 1900, 1906.

    Cal. t. I. p...

Charras, (Pharmacopée royale galénique et chymique) Lyon, Anisson, 1717.

    Charr. p...

Chéruel, (Dict. des Institutions de la France).
Paris, Hachette, 1870.

Chér. p...

Cheylud, (Anciennes corporations des médecins,
chirurgiens et apothicaires de Murat.) Paris,
Champion, 1896.

Cheyl. *passim*.

Closmadeuc (*D*r. *G de*), (La pharmacie à Vannes,
avant la Révolution), Broch. in-8, 32 pages.

Closm. p...

Corblet (*Abbé*),(Glossaire Picard),Mém.Soc. Antiq.
Pic. 2e série, t. I. Amiens, Duval, 1851.

Corblet, gl. pic. Vo.

Correspondant médical (*Le*), Paris, *Boulevard de
la Chapelle*.

Corr. méd. no du...

Coulon (*D*r *H*.), (Les apothicaires de Cambrai au
xviie siècle.) Bull. hist. et philol., année 1904,
Paris, Imp. nat.

Coulon, apoth. p...

Coulon (*D*r *H*.), (Curiosités de l'histoire des remèdes, employés au Moyen-Age dans le Cam-
brésis), Cambrai, Régnier, 1892.

Coulon, p...

Danicourt A. (Cachet d'oculiste romain, trouvé
à Amiens en 1884). Bull. Soc. antiq. Pic.t. XV.

Dan. p...

Daviller (Ch.), (Histoire des faïences hispano-moresques), Paris, brochure in-8°, 55 pages.
> Dav. *passim*.

Dechambre (A.), (Dict. encyclopédique des sciences médicales). Paris, Asselin, 1866.
> Dechamb. V°.

Dehaisnes, (Glossaire de l'histoire de l'art dans la Flandre, etc.), Lille, Quarré, 1886.
> Dehaisn. V°.

Delvau, (Dict. de la langue verte), Paris, Marpon, 1883.
> Delvau, V°.

Dérocque (D^r), (Le Centenaire de la Société libre des pharmaciens de Rouen), Lecerf, 1902.
> Déroc. *passim*.

Dorveaux (P.), (Inventaires d'anciennes pharmacies dijonnaises, xve siècle.) Dijon, Jacquot, 1892.
> Dorv. Dij. p...

Dorveaux (P.), (Inventaire de la pharmacie de l'hôpital de Saint-Nicolas de Metz, 27 juin 1569). Paris, Welter, 1894.
> Dorv. Metz, p...

Dorveaux (P.), (Inventaire de la bibliothèque de Amyot Salmonet, dit Blaise, apothicaire, fait à Dijon en 1482). Dijon, Jacquot, 1892.
> Dorv. Blaise, p...

Dubois (*A*.),(Rues et enseignes d'Amiens).Amiens.
Douillet, 1889.

> Dubois, p...

Ducange, (Glossaires de la basse latinité et
français). Niort, Favre, 1887.

> Duc. V°.

Durand (*G*.), (L'ameublement civil au xvi° siècle,
dans les stalles de la cathédrale d'Amiens).
Mém. Soc. antiq. de Pic. t XXX page...

> Dur. Ameub. N. D, p...

Durand (*G*.), (Monog. de l'Eglise N.-D d'Amiens),
2 volumes, Amiens, Yvert et Tellier, 1903.

> Dur. N. D. A. vol... p...

Dusevel et Scribe, (Description du département
de la Somme), Amiens. Ledien, 1836, 2 vol.

> Dus. et Scr. t... p ..

Dusseau, (Enchiridion ou manipule des miropoles,
traduit et commenté suivant le texte latin).
Lyon, Ian de Tournes, MDLXI.

> Dusseau, p...

Franklin (*A*.), (La vie privée d'autrefois,les médicaments. Paris, Plon, 1891.

> Frank, p...

Garnier (*J*.), (Note sur un cachet d'oculiste romain trouvé à Amiens, le 21 Juin 1879, Mém.
Soc. Antiq Pic. t. XXVI ; Amiens. Douillet.
1880.

> Garnier, p...

Gaudefroy (Léon), (Mesures anciennes à Amiens et dans la Somme.) Paris, Gamber, 1904.
> Gaud. p...

Gay (V.), (Gloss. archéol. du Moyen-Age et de la Renaissance.) Paris, Soc. Bibliog. 1882.
> Gay, V°.

Godefroy, (Dict de l'ancienne langue française).
> God. V°.

Grand-Carteret (John). (L'enseigne) Libr. Dauphinoise, Grenoble, MCMII.
> Gr.-Cart. p...

Granel (H.), (Histoire de la pharmacie à Avignon, du xII° siècle à la Révolution). Malvigne, Paris, 1905.
> Gran. p...

Guyencourt (R. de), (La place Notre - Dame). Amiens, Yvert et Tellier, 1902.
> Guyenc., p...

Havard, (Dict. de l'ameublement), Paris, Quentin.
> Hav. V°.

Héren, (Autour d'einne berche.) Cayeux-sur-Mer, Maison, 1903,
> Héren, p...

Hoefer, (Bibliographie générale), Paris, Didot, MDCCCLXV.
> Hoefer V°.

Intermédiaire des chercheurs et des curieux (L') Paris, Noblet.
> Interm. n° du...

Jacquemart, (Les merveilles de la céramique),
Paris, Hachette, 1866.

Jacq. p...

Jal A.), (Dict. critique de biographie), Paris,
Plon, 1872.

Jal. V°.

Janvier (*A.*), (Le livre d'or de la municipalité
amiénoise.) Paris, Picard, 1898.

Janv. p...

Jouancoux, (Glossaire Picard), Amiens, Jeunet,
1880-1890.

Jouanc. V°.

Jourdain et Duval (*Les Abbés*), (Les stalles de la
cathédrale d'Amiens), Mém. Soc. Antiq. Pic.,
1844, t. VIII, p. 355 et tirage à part, p. 274.

Jourd. et Duval, p. 355, 274.

Laborde (*L. de*), (Glossaire du Moyen-Age),
Paris, Labitte, 1872.

Lab. V°.

Lacurne de Sainte-Palaye, (Dict. hist. de l'ancien langage françois), Niort, Favre, 1875.

Lac V°.

Lacroix (*P.*), (Sciences et arts au Moyen-Age et à
l'époque de la Renaissance).Paris, Didot,1877.

Lacroix, p...

Lafaye (*B.*).(Dict.des synonymes français).Paris,
Hachette, 1878.

Lafaye, V°.

Larousse, (Grand dictionnaire universel).

Larousse, V°.

Leclair (*E.*), (Histoire de la pharmacie à Lille, de 1301 à l'an XI.) Lille, 1900, in-8.

Lec. *passim.*

Lemery (*Nicolas*), (Pharmacopée universelle), chez divers, 5ᵉ édit. 1763.

N. L. p...

Lisset Benancio, (Déclaration des abus et tromperies que font les pharmaciens). Séb. Colin, 1553, in-16.

Liss. Ben. p...

Littré, (Dictionnaire de la langue Française).

Litt. V°.

Livre noir (*Le*), ou ordonnances de l'éschevinage d'Amiens, 1586. Amiens, Rob. Hubault, MDCLIII.

Liv. noir, p. .

Magasin pittoresque,

Mag. pitt., n° du...

Maison rustique (*La nouvelle*), par M. XXX, Paris, Durand, 1768, 2 tomes.

M. rust. t... p...

Maître d'école de Bruges (Le livre des métiers), Paris, Tross. 1875,

M. Ec. Brug. p...

Maloin, (Art. du meunier, du vermicellier et du boulanger), Paris, MDCCLXVII ; Biblioth. Amiens, Sciences et Arts, n° 3063, t. XVIII.

    Maloin, p...

Mémoires de la Société des Antiquaires de Picardie, Amiens, Yvert et Tellier.

    Mém. Ant. Pic. Vol... p...

Monteil (A.), (La médecine en France), Paris, Bib. nouv.

    Monteil, p...

Monteux (Jérome de), (De la conservation de la santé et du prolongement de vie). Trad. Cl. Valgelas, 1572, in-32.

    Mont. p...

Pagès, (Manuscrits de), Amiens, A. Caron, 1856.

    Pag. p...

Pannier (I.), (Les lapidaires français du Moyen-Age). Paris, Vieweg, 1882. (Bib. Amiens, n° 35296).

    Pann. *passim.*

Parmentier, (Le parfait boulanger), Paris, Imp. royale, MDCCLXXVIII. Bib. Amiens, Sciences et Arts, n° 2808.

    Parm., p...

Philippe (A.), (Histoire des apothicaires chez les principaux peuples du monde). Paris, 1853, in-8.

    Phil. p...

Pinsard (*Ch.*), (Marques des tâcherons, tailleurs de pierre sur les constructions du Dép. de la Somme.) Bull. Antiq. Pic. t. XVI, 1886-87-88. Amiens, Douillet, 1889.

> Pins. p...

Pline, (L'histoire du monde), Genève, Stoor, 1625.

> Pline, *passim*.

Pomet (*Pierre*), (Histoire générale des drogues), Paris, J. B. Loyson, 1694.

> P. P. p...

Pontier (*L. André*), (Histoire de la pharmacie), Paris, Doin, 1900.

> Pontier, p...

Poussier (*A.*), (Les jetons de la corporation des apothicaires, épiciers, ciriers de Rouen). Plaquette, Rouen, J. Lecerf, 1702.

> Pouss. p...

Quicherat, (Hist. du costume en France), Paris, Hachette, 1875.

> Quich. p...

Rabelais, (Œuvres de), 3 vol. Paris, Janet, 1823.

> Rab. t... p...

Réduction d'anciennes mesures, (Divers tableaux de), Bib. Amiens, Sc. et A., n° 1514, liasse.

> Réd. mes. l... p...

Renou (*Jean de*), (Les œuvres pharmaceutiques), Lyon, chez Nicolas Gay, MDCXXXVII et surtout Paris, 1637, in-folio.

> Ren. p...

Riche (*A*.), (L'art de l'essayeur), Paris, Baillière, 1888.

Riche, p...

Rigollot, (Les œuvres d'art de la confrérie de N.-D. du Puy d'Amiens), mémoire posthume, Mém. Soc. Ant. Pic., Amiens, Herment, 1858, t. V.

Rigollot, p...

Roquefort (*de*), (Glossaire roman), Paris, Crapelet, 1808 et supplément, Chassériau, 1820.

Roq. V°.

Roret, (Manuel : Poids et mesures), Paris, Roret, 1839.

Ror. p...

Roux (*P. J Le*), (Dictionnaire comique, satyrique, critique, etc), Lyon, Béringos, 1735.

Roux, V°.

Savary, (Dict. du commerce), Copenhague, Philibert frères, MDCCLIX.

Sav. V°.

Sichel, (Nouveau recueil de pierres sigillaires), Paris, 1866.

Sich. p...

Serres (*L. de*), (Œuvres pharmaceutiques traduites en français), Paris. 1637, in-f°.

Serres p...

Siret (*Ad.*), (Dictionn. des peintres), Paris, Libr. intern. 1866.

> Siret, Vº.

Soyez (*E.*), (Notice sur les évêques d'Amiens). Amiens, Langlois, 1878.

> Soy. p...

Thierry (*Augustin*), (Recueil des monuments inédits pour l'histoire du Tiers-état, Région du Nord, t. II. Ville d'Amiens), Paris, Didot, 1853.

> Aug. Th. p...

Thorel (*Oct*), (Les Rébus de Picardie), Amiens, Courtin, 1903.

> Réb. Pic. p...

Toubin, (Dict. étymologique), Paris, Leroux, 1886.

> Toub. Vᶜ.

Trévoux (Dictionnaire de), Paris, MCCLXXI.

> Trév. Vº.

Vallot, d'Aquin et Fagon, (Journal de la Santé de Louis XIV, de 1647 à 1711). Paris, Durand, 1862.

> Vallot, p...

Vie Illustrée (*La*), Nº du 30 octobre 1903, le Centenaire de la Société de pharmacie.

> Vie Ill. nº 30 oct. 1903.

Wright (*Th.*), (Histoire de la caricature), Paris, Delahays, 1875.

> Wright, p...

X., (Recettes et remèdes). MS. de la fin du xviii^e
siècle, richement relié aux armes des Condé,
appartenant à M. Rattel, pharmacien à Amiens.

X. p ..

Yonne, (Bulletin de la Société des sciences histo-
riques et naturelles de l').

Bull. Yonne 1899, t... p...

CHAPITRE III

La maison de Jehan de Louvegny. — Notes sur la « Teste pelée », le « Fauconnier » et le « Bénistoir ».

Il ne nous a point été possible de retrouver le nom de l'apothicaire chez lequel Jehan de Louvegny fit son apprentissage, ni la date exacte de sa réception comme maitre à Amiens.

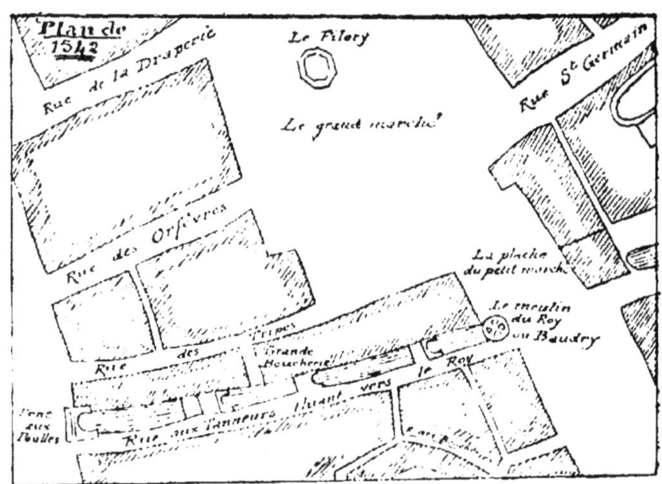

En revanche, nous savons que, le 4 juillet 1487, il était en pourparlers avec l'échevinage pour la location, déjà en qualité d'apothicaire, « d'une maison sur la poissonnerie » (1).

(1) Arch. comm. t. II, B. B. p. 251.

Le 10 janvier de l'année suivante. la Ville
« donnait son consentement à la location de cette
« maison. sise à Amiens, à l'entrée de la pois·
« sonnerie de mer, du lez du Pont Baudry et de
« la chambre des déchargeurs de vins, avec le
« cellier dessoubz icelle poissonnerie » (1).

Les archives départementales de la Somme
possèdent un « *vieux pourtraict* », plan de la ville
d'Amiens, daté de 1542, et dessiné par Zacharie de
Châlons, sur deux peaux de moutons entières.

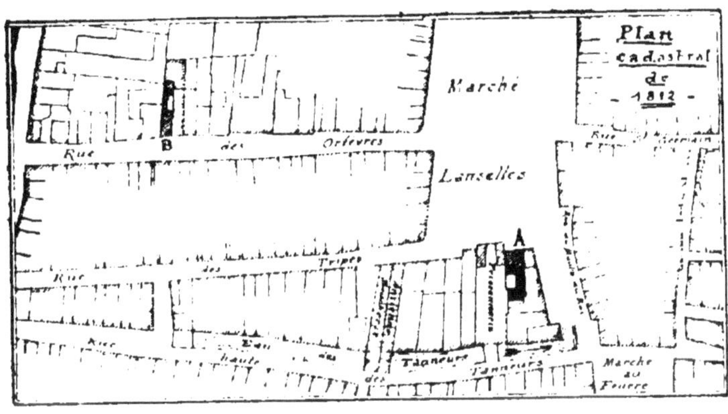

Ce plan reproduit en partie à la page précédente et rapproché de celui ci-dessus, beaucoup
plus récent (1812), va nous permettre de fixer avec
une assez grande précision l'endroit où se trouvait la première boutique de Jehan de Louvegny.

(1) Arch. comm t II. B. B. p. 253. — La poissonnerie
de mer, construite en 1448, fut démolie et reconstruite en
1810. — Le Pont Baudry porte aujourd'hui exclusivement
le nom de Pont du Moulin-du-Roi.

La poissonnerie de mer, d'après Pagès, occupait l'emplacement de la poissonnerie à la criée actuelle, entre le marché et l'eau des tanneurs.

On lit dans le Livre noir que : « L'estaple au vin est établie au grand marché... Celui des vins de Beauvoisis depuis le coin de la rue des Orfèvres, en tirant à la poissonnerie... » (1).

Dans ces conditions, avec M. Pinsard, nous estimons que la maison dont s'agit peut être celle en pans de bois, à l'enseigne de la *Tête pelée*, appartenant à la Ville, qui, de temps immémorial, la louait en tout ou en partie, maison démolie en même temps que la poissonnerie de mer en 1810. Cette maison a été par nous figurée en noir, au point A, sur le deuxième plan, page 23.

Nos recherches pour établir la date exacte à laquelle de Louvegny quitta la maison de la *Tête pelée* n'ont point abouti. Mais nous savons que, en 1502, il avait transporté son officine dans la rue des Orfèvres, au point B du même plan, dans une maison qui, déjà en 1458, portait l'enseigne du *Fauconnier*.

En réalité, il ne sortait pas du rayon de sa première clientèle et le quartier était bien choisi. En effet la rue des Fèvres, de la paroisse très peuplée de Saint-Firmin-le-Confesseur, était alors occupée par de nombreux fèvres, febvres, (*Fabri*, ouvriers) qui, sous le patronage de St-Éloi, travail-

(1) Liv. noir, p. 24. — *Estappe*, étaple, marché public. (Duc. V° Estappe).

laient les métaux : orfèvres, couteliers, serruriers :
joint que la rue Saint-Leu toute voisine. concen-
trait, presque à elle seule, l'activité commerciale et industrielle de notre ville.

A cette époque où les gens sachant lire constituaient l'exception, l'enseigne parlant aux yeux
par des objets connus, ou des signes extérieurs,
servait à spécifier, à individualiser les maisons.

Mais, bien rarement. l'enseigne rappelait la
profession de l'occupeur de l'immeuble (1).

Ce n'est que plus tard qu'apparaîtront les enseignes, ou emblèmes révélateurs de cette profession. Citons à titre d'exemples : Le gui ou
l'*afault* (bouchon de taverne fait de branches
d'arbre et de feuilles) pour le cabaretier, le plat
à barbe ou le bâton enrubanné pour le perruquier,
l'Y (*lie grègues*) pour les merciers (2 , plus tard
la carotte pour les débitants de tabac etc... Alors
cet emblème servira à désigner, bien moins la
maison elle-même, que le métier ou la profession
de celui qui l'habite.

(1) Dans la rue des Bouchers existe encore une vieille
maison de l'époque qui nous occupe, portant, sculptée sur
un écu de la façade, une *échineuse* (couperet à large lame
servant à dépecer la viande). — Mais, sur l'ancienne place
du parvis N.-D.,toutes les auberges,hôtelleries ou tavernes
ont, excepté le plat d'étain, des enseignes quelconques : le
faucon, la rose. le noir mouton, le paon. l'ange. les coc-
quelets, les 4 vents, l'affiquet. la couronne, etc...; un
libraire a pour enseigne un St-Martin. (Guy, *passim*).

(2) Reb. pic. p. 146.

En ce qui concerne les apothicaires, ils auront indistinctement, pour enseignes, un pileur, un mortier d'or, des cygnes (1), des singes, des têtes de mores, un palmier, un serpent et un caducée, et aujourd'hui deux gros ballons remplis d'une solution de couleur d'aniline, qui, éclairés par un papillon de gaz, projettent sur la rue leur lueur violette, bleue ou rouge.

Mais revenons à la rue des Orfèvres. Son importance nous est révélée par un acte officiel de 1388. A cette date, elle comprenait 33 maisons, à droite, en revenant de l'église Saint-Leu, 15 à gauche, soit, au total, 48 maisons donnant asile à deux cent douze habitants (2).

De toutes ces habitations remontant à la fin du xve siècle ou au commencement du xvie, il n'en reste guère qu'une dans la rue des Orfèvres, portant actuellement les n°s 17-19. Mais, grâce aux vieilles maisons de la rue des Bouchers, vers la place Samarobrive, et aussi de celle récemment

(1) En Allemagne et en Alsace, encore aujourd'hui. Interm. (n^{os} des 10 fév. 80, et 25 mai 80) ; Cart. p. 248).

(2) Reg. Pinsard, 22 N 2 O, p. 231 et s. s. — D'après « le compte de l'aide ou taille du Roy, la liste des chefs de chacun des ménages, les professions et les enseignes », au numérotage général de 1750, cette rue avait 44 maisons portant les n°s 2697 à 2741. (Dubois, p. 15 et ss). — A cette même époque, « la dite rue est remplie d'orphèvres (sic), « de gros marchands qui y font leur séjour et dont les « maisons sont très grandes, belles et spacieuses ». (Beauv. t. I. p. 319).

dégagée de ses plâtras, rue de Metz, n° 5, nous pouvons, avec assez de vraisemblance, reconstituer l'aspect extérieur de la maison de la rue des Fèvres en 1502, lorsque de Louvegny venait de s'y fixer, après avoir quitté la *Tête pelée* (1).

« La fin du xve siècle et le commencement du « xvie, écrit M. Pinsard, ont été remarquables, « sous le rapport de l'art de la charpenterie. Les « maisons grandes ou petites avaient toujours « une ornementation simple ou étendue sur les « pièces de bois apparentes. La construction en « charpente était certainement le système presque « général à Amiens ; on bâtissait alors plus en « bois qu'en maçonnerie » (2).

Le pignon de la rue de Metz avait pour image un Saint. Nous ne pouvons dire quelle sculpture ornait la maison des n°s 17-19, l'ancien *Fauconnier*.

La plupart de ces maisons avec pignon sur rue présentaient, comme dans tout le Nord, une entrée de cave sur la voie publique (3).

Enfin, comme caractéristique de la vieille maison amiénoise, citons l'escalier, toujours extérieur, dans la cour, et tel est le cas au *Fauconnier*.

(1) Voir aussi le pignon de la rue des Majots, transporté dans la cour du musée, et la façade d'une maison de la rue des Doubles-Chaises qui, achetée par la Société des Antiquaires de Picardie, va également y être édifiée.

(2) Reg. Pinsard, 19 M. 2 ; maison, rue de Metz, n° 5.

(3) Il s'en trouve encore une, et c'est une des rares à Amiens, Place du Marché Lanselles, n° 45.

L'habitation de J. de Louvegny n'avait pas un caractère propre, une physionomie particulière rappelant la profession de l'occupant, propriétaire ou locataire ; son enseigne même était banale.

Il en était tout autrement quand la maison avait été construite avec une affectation, une destination spéciale, ayant des chances de se perpétuer. Alors l'architecte introduisait dans les façades des maisons des motifs de décoration, révélateurs de la profession. Nous pouvons citer comme exemples l'apothicairerie du xvᵉ siècle à Montferrand(1), ou bien une pharmacie plus moderne de Dieppe. Nous voulons parler de la remarquable façade Louis XV de la pharmacie du Casino, A. Lemaire, présentant, dans un cartouche, les armes des apothicaires, le palmier planté, entortillé d'une vi-père, avec la devise : « *His tribus versantur* » (2) et, de chaque côté, des appareils de laboratoire et les signes conventionnels des principaux corps, simples ou composés, employés en pharmacie.

On verra, au cours de cette étude, que, à l'origine, l'apothicaire ne débitait pas seulement des drogues, mais était, en même temps, épicier, cirier, mercier, etc. Dès lors nombre d'enseignes ont pu

(1) Une carte postale récente reproduit cette façade.

(2) — « Cette devise marque, à ce qu'il semble, que les « apothicaires tirent et composent leurs remèdes égale-« ment des minéraux, des végétaux et des animaux mar-« quez par ces trois symboles ». (Sav. t. 1. p. 1878.)

orner les façades d'apothicaires, tout en rappelant
bien peu cette profession. A ce titre, une des plus
curieuses enseignes sculp-
tées, faisant corps avec
l'immeuble, est celle du moutardier de Beauvais, ac-
tuellement déposée au musée
de cette ville. « Au premier
« plan est un gros moulin à
« moutarde à côté duquel se
« tient la folie un bâton à la
« main et remuant la mou-
« tarde, pendant qu'un singe,
« au rire sardonique, y mêle
« un condiment, dont on
« devine aisément la nature,
« à l'attitude du malin ani-
« mal. La marque de com-

Enseigne de l'épicier moutardier, rue du
Châtea ...

« merce du marchand qui avait adopté cet étrange
« emblème est sculptée au dessous » (1).

Cependant l'apothicaire, jaloux des préroga-
tives naissantes de sa profession, cherchait parfois à différencier sa boutique de celles des regrattiers et autres détaillants.

Le lecteur ne peut oublier que l'objet de la présente étude se place à une période privilégiée de
l'histoire de l'art en France, la Renaissance, c'est-
à-dire à un moment où des *imagiers* habiles dé-

(1) Wright, p. 87. — Sur le chiffre marchand au bas
du dessin, voir Réb. pic. p. 115 et s. s.

cor.aient de leurs spirituelles compositions non pas seulement les monuments religieux et civils, mais de simples habitations bourgeoises et même les boutiques de marchands.

Les constructions en pans de bois des XV° et XVI° siècles se prêtaient admirablement aux enseignes sculptées, le plus souvent, dans les poteaux corniers, ainsi qu'on peut s'en rendre compte par le dessin ci-contre, relevé sur la maison si connue de l'apothicaire de la rue de la Boucherie à Lisieux.

Parfois le motif d'ornementation, servant en même temps d'enseigne, figurait sur le sommier et les aisseliers en chêne de la façade.

C'est cette heureuse disposition que nous retrouvons dans une pharmacie de la même époque, conservée au musée de Nantes (1).

« La figure principale en haut relief repré-
« sente un pileur. Sur deux aisseliers soutenant
« les poutres de la maison on voit : un apothi-
« caire préparant une potion où il entre des pa-
« vots, dont une tête est placée près de lui. En vis-
« à-vis, la ménagère, sa quenouille au côté, une

(1 Corr. méd. n° du 15 novembre 1903.

« cuillère à pot sous le bras, se débarrasse du pur-
« gatif qu'elle vient de prendre ».

Ces crudités, on le sait, ne déplaisaient pas à
nos aïeux (1). Aussi, à la faveur de l'objet même
de cette étude, n'hésitons-nous pas à donner
ici le dessin d'un moulage de notre collection (2),
représentant un mari donnant à sa femme un lavement d'air à l'aide d'un soufflet. Ce petit écoinçon, réduit ici aux deux tiers d'exécution, décore
un point assez ignoré de notre Cathédrale, nous

(1) Réb. pic. p. 6, 21, 53, 72, 73, 82, 128, 130.
(2) Nous en avons retrouvé un autre exemplaire, chez
M. Boudon, successeur médiat de M. Massenot. Au dos on
lit : « XIVe siècle, tympan du contrefort dit de la Madeleine,
à l'angle Nord du grand portail. » Cette appellation de la
Madeleine, qui paraît avoir été employée autrefois, a disparu. Il s'agit du contrefort construit par le cardinal de La
Grange. L'écoinçon, qui est au-dessus de la statue de la
Vierge, a été moulé, il y a 40 ans environ, par M. Bège,
sculpteur à Amiens. (Voir note p. 7 *in fine*.

affirma M. Massenot, alors architecte diocésain à Amiens, de qui nous le tenons.

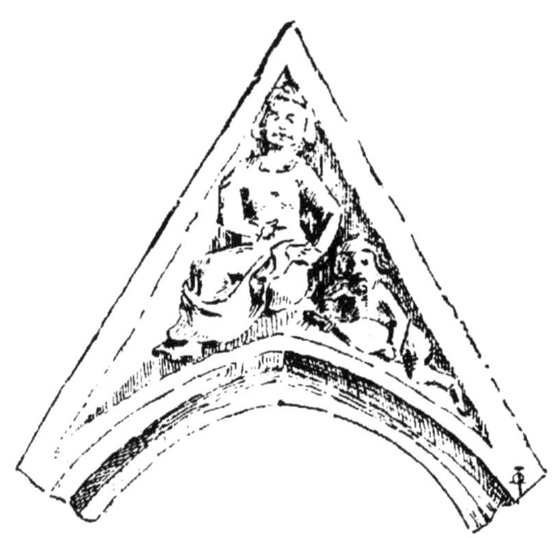

Ce fut seulement en 1728 qu'à Paris on mit des plaques au coin des rues, pour en indiquer le nom, et des numéros aux maisons (1).

Au numérotage général topographique de 1750, la rue des Orfèvres portait les n⁰ˢ 2696 à 2741 (2).

Aux plans cadastraux de 1854 et 1874, le *Fauconnier* a les n⁰ˢ 17 et 19, n⁰ 490 Section G et le *Bénistoir*, les n⁰ˢ 21, 23, n⁰ 489. Ce double numéro s'explique parce que chacune de ces maisons a une allée conduisant à une cour commune.

Mais, en fait, il n'y a là que deux maisons, que désormais, pour la rapidité de la discussion, nous

(1) Cher. V⁰ numérotage.
(2) Dubois, p. 2, 15 et 16.

appellerons le *Fauconnier* et le *Bénistoir* (1).

Si, à l'origine, ces deux maisons, édifiées simultanément, étaient absolument distinctes, tout au moins, plus tard, à une date indéterminée, l'habitant du Fauconnier eut un accès dans la cour du Bénistoir où se trouvait, en la *sallette-bas*, son laboratoire (2).

Des raisons, qui semblent à nos yeux très sérieuses, viennent confirmer cette hypothèse :

1° Les *celliers*, ou caves, de ces deux maisons contemporaines sont construits avec des pierres de mêmes provenance, dimensions et appareil, pierres présentant des « *marques de tâcherons* » identiques à leur surface d'intrados (3).

2° Par suite de travaux d'exhaussement du sol

(1) Le plan de 1854 porte l'escalier descendant à la *sallette-bas* et montant aux étages et non le puits, et, au contraire, à celui de 1874, est le puits et non cet escalier. Cette sallette est actuellement éclairée par une fenêtre sur la cour, à fleur du sol. Au-dessus se trouve une petite chambre.

(2) Nous n'avons pas recherché l'origine de propriété de ces deux maisons ; on pourrait la retrouver chez Me Devisme notaire à Amiens. (Vente par M. et Mme Fauquet, de ces deux maisons, à M. et Mme Prévost, d'Amiens, acte du 11 juillet 1903).

(3) « Jusqu'à la fin du XVIIe siècle, les ouvriers, ne sa-
« chant pas écrire, marquaient ici les pierres de lignes
« parallèles ou croisées, sur les parements extérieurs.
« La taille se faisait dans les carrières ; chaque carreau
« (pierre ayant plus de largeur en parement que de longueur
« en queue) avait sa marque. Le travail payé au cent
« s'appelait *carreaudage* ». Pins. p. 20 et ss.

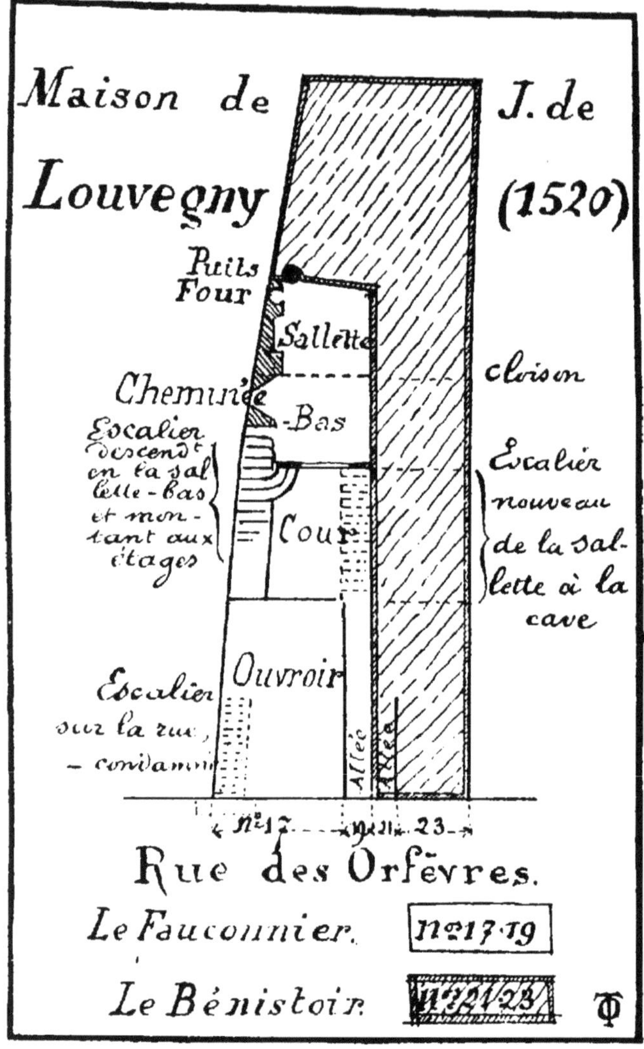

Maison de
J. de
Louvegny
(1520)
Puits
Four
Sallette
Cheminée
cloison
-Bas
Escalier
descendᵗ
en la sal
lette-bas
et mon-
tant aux
étages
Escalier
nouveau
de la sal-
lette à la
cave
Cour
Ouvroir
Escalier
sur la rue,
— condamné
Allée
Allée
nᵒ 17
nᵒ 21 23
Rue des Orfèvres.
Le Fauconnier.
nᵒ 17·19
Le Bénistoir.
nᵒ 21·23

du Bénistoir, les eaux de la cour de cette maison ne pouvaient plus couler dans la rue. « Le père de famille » a établi alors une servitude d'aqueduc, extérieure et très apparente ; les eaux s'écoulent encore aujourd'hui dans la rue, au moyen d'un tuyau scellé dans la sallette-bas, puis par le ruisseau de la cour, et enfin par le ruisseau couvert de l'allée du 17-19, fonds servant (1).

3° En échange et contrepartie de cette servitude d'aqueduc, l'occupeur du Fauconnier empruntait l'allée du Bénistoir pour aller à son laboratoire, la sallette-bas, qui, on peut encore le constater aujourd'hui, recevait ses jours de la cour du Bénistoir, par une porte et une fenêtre actuellement aveuglées depuis longtemps, semble-t-il.

Maintenant cette sallette-bas, ce *placul*, comme on dit en picard, est plus enterrée qu'elle ne l'était à l'origine et a été reliée au 17-19 par un escalier dont la descente est dans la cour de cette même maison, escalier de date relativement récente, au dire de M. Pinsard, à qui nous l'avons signalé.

Elle communique avec la cave sous le n° 17-19 par un escalier postérieur à la construction primitive (2). Ainsi la sallette-bas dépendait du

(1) Voir le plan page 33 et aussi le plan et la coupe de la *sallette-bas, infra*, chap. V.

(2) Au centre de la voûte de la cave du Fauconnier est un crochet en fer, plus fort que ceux que l'on voit dans d'autres caves de la même époque et auquel on suspendait par une corde le garde-manger. Celui-ci a plutôt servi à

Bénistoir et J. de Louvegny n'avait sur elle qu'un droit de servitude par destination du père de famille.

Il faut attribuer la même origine au puits commun dont la margelle était dans la cour du Bénistoir, et auquel notre apothicaire pouvait tirer de l'eau, grâce à une porte donnant sur la sallette-bas, porte existant encore aujourd'hui.

Cette salle-basse, fort intéressante, fera l'objet d'un examen particulier au chapitre V, auquel nous renvoyons le lecteur.

accrocher la *marmite*, calotte hémisphérique en fonte suspendue par trois cordes ou chaînes au crochet, et dans laquelle roulait un boulet en fonte. L'apprenti donnait à la marmite un mouvement et le boulet, en tournant, mélangeait les drogues, notamment le mercure et l'axonge (onguent gris). Cette marmite, signalée par Dechambre et dans la 10e édition de Dorvault, était encore à cet usage à Valenciennes, il y a vingt ans. Les distillateurs continuent de s'en servir pour écraser les amandes, et, par suite, en extraire le suc laiteux destiné à faire le sirop d'orgeat.

CHAPITRE IV

L'Ouvroir (La Boutique)
Essai de reconstitution
(Nᵒˢ de l'Inv. 1 et ss ; 65 et ss. ; 197 à 200 ; 290 et ss.)

Si, dans tous les temps, les marchands, détaillants, débitants ou *regrattiers* (merciers, ciriers,
graissiers, épiciers, etc.) ont tiré leur nom professionnel exclusivement de leur métier même et
non du local dans lequel ils l'exerçaient, pour
l'apothicaire, il n'en va pas ainsi (1).

C'est que sa vie est à ce point sédentaire, sa
présence dans sa boutique si indispensable qu'il
en est devenu, pour hasarder un terme du palais,
comme un immeuble par destination.

Ainsi l'expression *bouticle*, boutique, employée
pour désigner tout autre genre de magasins,
correspondait au mot provençal de *bouticaria*, qui
se dit encore pour *apothicairerie*, dans le midi de
la France où le pharmacien est le *bouticari* (2).

(1) Diverses formes : appotiquaire, apothicaire, apoti-
quaire, appoticquaire, apoticaire. (V. Illust. nᵒ30 oct. 1903).

(2) Dorv. Metz, p. 10, cite ce vieux proverbe provençal :

> *De quiproquo (méprise) de bouticari*
> *Et d'et cætera de noutari (notaire)*
> *Diou nous garde à jamai sans fin.*

Bouticle, n'est pas dans God. Dans Duc., bouticle est
synonyme de mauvais lieu, lieu de débauche. — Ici la boutique est l'*ouvroir*, donnant sur la rue des Orfèvres.

Apothéqué (en grec, dépôt de marchandises) a
donné abouticaire puis apothicaire (1).

Quelle était exactement la disposition d'une
apothicairerie du xvie siècle à Amiens ? Il est bien
difficile de le dire, car notre musée ne possède
même pas, comme celui de Bruges, un matériel
très complet d'une boutique de cette époque.

Heureusement la mode n'a guère de prise sur
les savants et l'enseigne, le luxe de la façade,
l'ornementation de la boutique ne contribuaient
pas à faire la chalandise du pharmacopole d'alors.
Son titre suffisait ; et, partant, il est permis, de
reconstituer, sans trop de témérité, un ouvroir de
1520, à l'aide de notre plus vieille officine amiénoise qui a dû conserver les antiques traditions de
l'aménagement et des décorations intérieures.

Une telle pharmacie actuelle de notre ville
avec ses bocaux et ses pots en formant le pourtour, sa porte dissimulée dans le fond, surmontée
d'un buste d'Hippocrate, (aujourd'hui remplacé
par une vulgaire horloge en œil de bœuf) avec la
formule du sage : « *Non est vivere sed valere vita* »
accostée de deux palmiers allégoriques, est peut-

(1) Dans Roq. Apothèque : garde-manger, cellier, boutique. — Cf. « Les apotecques pleines d'espiceries ». Acte
du xve siècle. Valence. Ap. La Fons. Gloss. ms. Bib.
Amiens. (God. V° apoticaire)). — V. une boutique d'apothicaire au xve siècle, d'après J. Corbichon, Ed. de 1496,
Frontispice du liv. VII (Frank. p. 10), et une autre de la
même époque, (Gran. p. 26).

être bien une réédition, quelque peu rajeunie, de l'ouvroir de Jehan de Louvegny (1).

Le comptoir ou plutôt la table du fond était celle où, comme aujourd'hui, se préparaient les médicaments sur ordonnances de médecins, autrement dit, les *magistères*, avec des drogues extraites des *silènes* ou *boiettes paintes*, où étaient représentées « des figures joyeuses et frivoles, « comme sont satyres, harpies.., telles painctures « contrefaites à plaisir, pour exciter le monde à rire » (2).

Mais, au point de vue de leur origine, qu'étaient ces « *boittes, façon Damas, en terre de Valence* » de notre inventaire, n° 190 b ?

M. Ris-Paquot, dont la compétence en cette matière égale l'extrême obligeance, a bien voulu nous adresser à ce sujet une communication dont nous extrayons les passages les plus importants :

« Aux xv° et xvi° siècles, on donnait le nom de « terre de Valence à toute la poterie que l'on ap-« pelle aujourd'hui Hispano-Mauresque. On di-« sait : terre de Valence, comme, de nos jours, on « dit : terre de Lorraine, pour désigner les faïences

(1) Pharmacie Bor, actuellement Boyeldieu, rue des Vergeaux, n° 5, à Amiens.

(2) Rab. T. I. p. 2. — Cf. n°ˢ 190 et 298 Inv. — Voir une pharmacie du commencement du xvii° siècle (Ren. p. 2 et Franck. p. 16) et surtout la pharmacie de Vannes et son enseigne représentant une colombe avec cette devise : « *Ubi spiritus Domini, ibi libertas* » et tout son vieux matériel. (Closm. p. 3).

« de Bellevue, Lunéville, Niederviller, etc. Les
« faïences italiennes sont aussi de provenances
« diverses, et la même observation s'applique
« respectivement aux faïences (hollandaises) de
« Delft et aux grès de Flandres.

« Le terme « terre de Valence » était un terme
« général, s'appliquant aux ouvrages soit d'Es-
« pagne, soit d'Italie ; et, lorsque ces derniers
« étaient à reflets métalliques, on disait : terre de
« Valence (1). Dans l'inventaire la désignation est
« plus précisée encore par les mots : façon Damas.
« Les reflets métalliques sur les terres italiennes
« ou espagnoles sont obtenus à tout petit feu, à
« l'aide de fumigations ou glaçures à base d'an-
« timoine, de bismuth et d'arsenic ».

Nous n'avons pu retrouver un seul survivant de
ces pots dans une pharmacie amiénoise ; mais une
vitrine de notre musée renferme quelques exem-
plaires de faïence italienne, genre Urbino, en autres celui reproduit à la page suivante.

Sur la table du fond étaient les *espatules*
(spatules), les *bistortiers* ou rouleaux de bois, des
rapes, des *cuillères* de fer, de bois, de nacre, des
biberons ou cuillères ouvertes, des presses, des
étamines et du papier à filtrer, etc... Sur cette

(1) « Ung grant plat de terre blanche de Valence à
« feuilles dorez. — Ung pot de la terre de Valence qui a
« col long, façon de gargoudes, orné de fleurs perses.
« (Cpte des ducs de Bourgogne, 1467). — Pots et plats de
« Valence, 15 sous, (vente mobilière Jehan Nagerel, ar-
« chidiacre à Rouen, 1570 ». — *Adde* notes, n° 190 b. Inv.

BOITTE ITALIENNE, GENRE URBINO (1).

Description :

Goulot jaune ; ciel bleu et jaune ; montagnes bleuâtres ; terre verte ; arbres id ; serpent id ; personnages : Adam et Eve, ton chair ; banderolle jaune avec des retroussis marrons.

(1) M. Gonse, ancien pharmacien à Amiens, possède quelques beaux pots de Valence, de Rouen, de Nevers et de Sinceny, provenant de la boutique de ses prédécesseurs.

table également étaient posés les *trébuchets* ou balances légères tenues de la main gauche, les petits mortiers en bronze (1) ou en marbre destinés aux fines préparations (2).

Le comptoir de gauche, en entrant dans l'ouvroir, avait des tiroirs, dans lesquels on mettait notamment des petits pots à embouchure plus ou moins évasée destinés à contenir les onguents ou les liquides sirupeux, et des *fioles*, bouteilles longues, ancêtres de nos modernes topettes, dont nous retrouverons la description dans deux planches du chapitre suivant.

Enfin, au comptoir de droite, siégeait gravement J. de Louvegny, feuilletant quelque manuscrit latin d'apothicairerie, et très probablement le Nicolas (3), ou enfilant, comme de nos jours, dans

(1) Voir N. L. p. 55.

(2) M Rudzinski, pharmacien à Poix (Somme), possède un vieux mortier de bronze (le pilon ou *pestel* manque). Il mesure 9 cent. de hauteur ; 13 cent. de diam. sup, et 8 de diam. inf. ; sans inscription ni date. Son pourtour sup. est orné de 22 fleurs de lys. — Au-dessous sont, en relief et alternant, une fleur de lys, avec pointe en dessous, une colonnette, une fleur, une colonnette, une tête, etc .. En tout : 4 têtes, 4 fleurs de lys et 8 colonnettes. — Comm. de M. Debary, juge de paix à Poix.

(3) L'inventaire de Blaise, apothic. à Dijon en 1482, (Dorv. Dij. p. 22) est extrêmement riche en livres techniques ; nous y renvoyons le lecteur. Notre inventaire au contraire ne mentionne aucun manuscrit ou livre ; et les ordonnances locales, contemporaines de Louvegny, sont muettes sur le Nicolas, antidotaire qui était le codex d'alors.

un fil de fer recourbé, dans le *crocq* (1) les ordonnances des médecins.

La table de ce comptoir était percée d'une fente étroite, comme celle d'une tirelire, ainsi que cela se voit encore actuellement chez les petits détaillants de nos faubourgs et de nos villages ; et, à l'aplomb de cette fente était la caisse, l'*épargne-maille*, recevant la menue monnaie du client (2).

On sait que, dans le premier quart du xvie siècle, florissait à Amiens, une véritable école de peinture, qualifiée de picarde à tort ou à raison, à laquelle nous sommes redevables des plus beaux tableaux de la Confrérie du Puy-Notre-Dame. Il n'est pas démontré qu'elle ait embelli les ouvroirs des apothicaires ; mais toujours est-il que la pharmacie actuelle, citée page 39, est encore aujourd'hui décorée des copies de deux tableaux allégoriques : la Pharmacie et la Botanique (3).

(1) V. *infra* l'ordonnance de 1528, confirmant les prescriptions de celle de 1502 (Chap. VII. Législation...

(2) « Chaque année les maîtres de l'hôpital de Metz en- « tendaient les comptes de l'apothicaire et vérifiaient le « contenu de sa caisse, dite *Espargne-maille* ». (Dorv. Metz, p. 11.) — Maille, vieille pièce de billon, et la plus petite de toutes, valant un demi-denier. (Rab. t. III. V° maille). — D'où l'expression : « avoir maille à partir (à partager) ». — Dans God. *Espargne-maille, esparnemaille :* tirelire. — Dans Dechamb. V° apothicairerie, *Cache-maille.*

(3) Tableaux tirés du Cabinet de Mgr le duc de Picquigny, inventés et peints par J. La Joue et gravés par C. N. Cochin — Sir. et Jal. sont muets sur La Joue. Jal. cite deux Cochin (Charles-Nicolas), graveurs : le père (1688-1754), le fils (1715-1790). Il doit s'agir ici du père.

Le premier notamment, le seul qui nous intéresse, en dehors du matériel de l'alchimiste, reproduit une foule d'animaux, dont les organes
entraient dans la composition des remèdes, surtout au moyen-âge (1). Il se peut que quelques
uns d'entr'eux empaillés aient été pendus, comme
ornements, dans la boutique. On ne comprend pas
autrement le grand nombre de lézards, couleu-
vres, etc... formant le fond de magasin des marchands de bric-à-brac, et même des usuriers du
temps de Molière. La Flèche ne vend-il pas à
Cléante « .. une peau d'un lézard, de trois pieds
« et demi, remplie de foin, agréable pour pendre
« au plancher d'une chambre » (2).

Sans doute l'officine du Fauconnier, même en
y comprenant les produits, herbes et drogues en
réserve dans la sallette-bas (le laboratoire), n'était
pas aussi riche, aussi bien fournie que celles de
Dijon (1439) et de Metz (1509) dont nous avons
les inventaires (3), et, malgré toute sa bonne
volonté, Jehan de Louvegny, n'aurait pu composer
l'*esdra magna*, cet opiat célèbre que le prophète

(1) Remarquez dans la gravure des têtes d'hippopotame,
d'éléphant, des cornes, une tortue, une araignée, un os de
scie, une coquille marine fossile, un animal bizarre, un
poisson et un crocodile, sans doute pour rappeler le scin-
que, « petit reptile saurien du Levant, qui est encore em-
« ployé par les pharmaciens orientaux, comme aphrodi-
« siaque » (Frank. p. 112).

(2) Molière. L'Avare, Acte II, Sc. première.

(3) Dorv. Dijon et id. Metz, *passim*.

Inventé et peint par J. la Joue.

LA PHA

Tiré du cabinet de Monsei

Esdras aurait inventé pendant son séjour à Baby-
lone, médicament où entraient 145 drogues, tant
simples que composées, dont Nicolas Mirepse
nous a transmis la recette.

A coup sûr était plus à sa portée, si toutefois
elle était déjà inventée, l'eau-de-vie aromatique,
appelée *Casse-lunettes*, et qui, bien que n'étant
composée que de trente-deux extraits de graines,
fleurs ou herbes, « fortifiait la vue et, en outre,
guérissait tout » (1) : vraie panacée universelle.

On peut se faire une idée du labeur de l'apothicaire du Moyen-Age et de la Renaissance, à la
simple lecture de la « pharmacopée de Nicolas
Lémery », laquelle éditée un bon siècle plus tard,
c'est-à-dire à une époque où quelques vieux médicaments avaient dû cesser de guérir, comprend
néanmoins encore plus de 1600 articles, à savoir :

    148 électuaires, (2)
    206 sirops,
    273 sortes de pilules. (3)
    204 poudres.

(1) X, p. 229.

(2) *Electuaire :* Médicament fait de poudres composées
et aussi de pulpes et d'extraits, avec des sirops de sucre ou
de miel et ayant la consistance de ce dernier.

(3) *Trochisque :* Médicament solide, composé d'une ou de
plusieurs substances sèches, réduites en poudre, de forme
ronde, puis conique, puis pyramidale, sans sucre ; ce qui
le distingue des tablettes ou pilules. L'intermède est un mucilage, ou mie de pain, ou suc végétal (Littré V° Trochisque).

31 baumes, (1)
5 cataplasmes,
117 emplâtres, (2)
129 onguents.
357 eaux,
134 huiles.

Et dire que tout cela eût fait bien triste figure
« dans la fameuse apothicairerie de Dresde, qui
« renfermait 14000 boëtes d'argent, toutes plei-
« nes de drogues et de remèdes très fort re-
« nommés » (3).

Mais revenons à notre sujet ; et ce n'est pas
sans une réelle satisfaction que, notamment sous
le n° 205 inv., nous voyons figurer le sucre. On
sait en effet qu'on appelait communément « *apothicaire sans sucre* », l'homme qui n'était pas
fourni des choses regardant sa profession (4).
Aussi avec ses deux cent cinquante drogues relevées dans notre inventaire (5), de Louvegny pou-

(1) *Baume :* Médicament, ayant une odeur balsamique,
parfumée (Littré V° Baume).

(2) *Emplâtre :* Topique, médicament externe, onguent
glutineux, adhérant sur la peau, par la chaleur de celle-ci.

(3) Trév. V° Apothicairerie.

(4) Roux, V° Apothicaire.

(5) Nous disons 250, bien que l'inventaire des drogues,
porte 288 n°s ; car plusieurs sont en double emploi. —
On relève 321 n°s dans l'inv. de Dijon et 717 dans celui de
l'hôpital de Metz — A l'hospice d'Amiens, il n'y avait point
d'apothicairerie. Des frères chanoines et des sœurs cha-
noinesses de l'ordre de Saint-Augustin préparaient les
remèdes simples ; les autres étaient pris chez les apothicaires de la ville. (Comm. de M. G. Boudon).

vait-il, en les combinant, satisfaire les ordonnances les plus compliquées des médecins de son
temps, autrement dit, les *magistères* (1).

Désirant rester sur le terrain particulier que
nous nous sommes imposé, nous n'avons pas à
nous occuper ici des salles, pièces, ou dépen-
dances affectées au service de la personne, mais
seulement des locaux servant à l'exercice de la
profession. A ce titre, échappent également à
notre examen les diverses chambres, reprises en
l'inventaire, comme renfermant des plantes ou
substances craignant particulièrement l'humidité.

Après avoir examiné la façade et étudié la boutique, pénétrons donc dans le laboratoire.

(1) Médicament magistral, qui doit être préparé au moment de la prescription et sur ordonnance de médecin.
-- En alchimie, composition à propriétés merveilleuses.

CHAPITRE V

La sallette-bas (Le laboratoire).
La cheminée, le petit four et le puits

Dans la sallette-bas, avons-nous dit dans un des chapitres précédents, (page 35) était le laboratoire de Jehan de Louvegny. Le moment est venu de justifier cette assertion.

M. G. Boudon, dans son discours de réception à l'Académie d'Amiens sur « Les prix et salaires à Amiens au xve siècle », fait du mot sallette un synonyme d'atelier sur rue (1). La sallette-bas était donc, dans la langue de nos pères, un atelier en sous-sol, *un laboratoire en placul.*

Les données de l'inventaire (n°s 305 et ss.) viennent confirmer notre dire. C'est en effet dans ce local qu'étaient les principaux appareils d'apothicairerie (2), que nous ne pourrions reprendre ici, sans risquer de faire de doubles emplois (3).

(1) Mém. Acad. Amiens, Yvert, 1895, p. 225.

(2) Voir notamment les curieux fourneaux, cornues, alambics, etc., des alchimistes et les instruments des chimistes au xvie siècle (Lacroix, p. 214, 215).

(3) V. n°s 305 et ss. inv. — Ce n'est qu'accidentellement qu'on trouve dans la « *chambre-haulte* respondant sur la cour, « trois clocques (ampoules) de plomb à faire eaues (eaux) ». (Voir n° 387 inv.).

Nous devons cependant faire une exception en faveur des gros mortiers, placés sur un billot de bois, et dont le pilon ou *pestel* présentait un œil à sa partie supérieure (1). Un élève en pharmacie nous disait que cet œil servait à accrocher le pilon à un clou fiché dans le mur, et que lui-même s'en servait, pour donner un mouvement de rotation au pestel, pendant le travail, et détacher la matière collée aux parois. Écoutons plutôt N. Lémery : « Ces mortiers servent à « faire des poudres, à ma- « laxer les masses de pi- « lules ou trochisques, à « éteindre le vif argent. « Certains pilons sont en « fer ; et, comme pour les « grands mortiers, il faut

(1) La pharmacie de la rue des Vergeaux, citée p. 39 et ss., possède encore un mortier de ce genre, muni de son pestel à œil. Ce mortier en bronze, avec poignées à têtes de béliers, mesure 0 m. 42 à son diamètre supérieur, et a 0 m. 32 de haut, avec cette inscription en relief à son pourtour : « *Pierre Chaperon et François Certain, marchand* « *apothicaire et espicier à Amiens, m'a faict faire.* — « **1679** » — Il est donc plus gros que celui de l'Hôtel-Dieu de Marseille. (Corr. méd. n° du 15 décembre 1903 et **Mag.** pitt. n° du 1er juin 1893).

« des pilons fort pesants, on les suspend quel-
« quefois par une corde liée à une espèce d'arc
« pliant que l'on attache au plancher (plafond),afin
« de soulager l'artiste » (1).

La sallette-bas, dont on connaît l'emplacement
dans l'ensemble des deux maisons contigües de
la rue des Orfèvres et même la condition juridique
comme partie du fonds servant du Bénistoir, présente trois détails de construction extrêmement
intéressants, puisqu'ils fixent nettement la destination de laboratoire que nous lui attribuons.

Notre savant et honoré doyen, M. Pinsard, à
qui nous l'avons signalé, a bien voulu, avec sa
complaisance habituelle, nous en faire dresser le
plan et la coupe, reproduits ci-après p. 52 et 53.

La sallette-bas présente les dimensions suivantes : 1° profondeur, dans le sens perpendicu-
laire à la rue des Orfèvres,5 mètres 26 ; 2° largeur,
2 mètres 66 ; 3° hauteur, 2 mètres 04 (2).

Dans le mur de droite, en entrant par l'escalier
nouveau dont il a été parlé, p. 35, on remarque :

(1) N. L. p. 55. — Le dessin de la page précédente a
été composé par nous, à l'aide de documents anciens, pour
indiquer la suspension et la manœuvre des pestels à œil.

(2) Les 5 m. 26 se décomposent en : 1 m. 46 du mur du
fond à la cloison et de 3 m. 80 de cette cloison au mur de
face. Ce mur a été percé après coup de deux escaliers,
l'un venant de la cour du Fauconnier et l'autre descendant
dans la cave dudit Fauconnier. (Voir plan, p. 34).

1° La Cheminée

Cette cheminée, à feu nu et au bois, ne présente rien qui doive être signalé, pas même son linteau à ornements Louis XIII, très répandus à Amiens. Tout son attirail habituel, cramelie à trois branchons, pallette, main de fer, coquemarts, etc., est décrit dans l'inventaire, sous divers numéros auxquels le lecteur voudra bien se reporter (1).

Mais cette sallette-bas était autre que le laboratoire banal de nos jours. L'apothicaire, « craignant Dieu », y préparait ses drogues avec, à défaut de science, une conscience et une religiosité dont témoignent le *Crucifix*, la *Nostre-Dame* et le *Véronicque*, pieuses icones accrochées au manteau de la cheminée (2).

2° Le Four

A la suite de la cheminée, et séparé d'elle d'un mètre environ, se trouve le four dont la gueule porte encore des débris de sa porte en fer. Il mérite de retenir plus longtemps notre attention.

En décembre 1882, M. Pinsard (3) a découvert sous l'emplacement de l'aile est de l'Hôtel-de-Ville actuel, un four remontant à la fin du XV° siècle. Les débris qui en restaient ont permis de lui assigner un diamètre de deux mètres. Sa sole, de 1 mètre 20, en contrebas du pavé, était en

(1) Notamment n°ˢ 306, 307, 308, 325, 326, 332, inv.
(2) N° 314, inv.
(3) Pins. Recueil de notes sur Amiens, T. 59, p. 19.

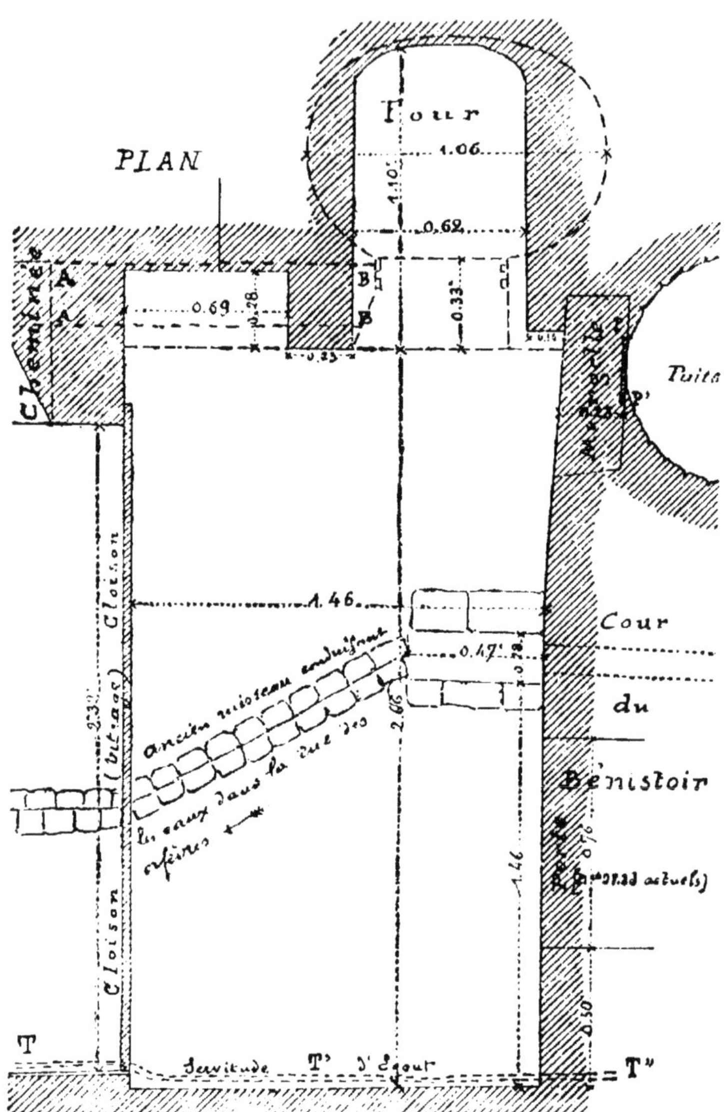
PLAN
Four
1.06
0.62
1.10
0.33
Cheminée
A
A
0.69
0.28
B
B
0.23
Puits
P'
Cloison
Cloison (bit-age) 2.30
ancien ruisseau conduisant
les eaux dans la rue des
orfèvres
1.46
0.47
0.28
2.66
Cour
du
Bénistoir
1.46
0.90
(niveaux actuels)
0.30
T
Servitude T' d'égout
T"

SALLETTE BAS
(Le laboratoire)

coupe & vue du côté du four.

(État actuel)

Echelle de 0m05 pour Mètre

maçonnerie de briques, surmontée d'une couche
de mortier de chaux et de ciment pilonnés. Sa
calotte était formée de trois assises de briques
dans le bas et de tuilots au-dessus, c'est-à-dire en
cul de chapeau, par opposition à la voûte, chapelle ou dôme en *cul de four* dont la courbe, non
plus en anse de panier, mais elliptique, commence
dès le bas de l'âtre ou sole. M. Pinsard n'a pu
relever la hauteur ou flèche de ce vieux four ; mais
il convient de remarquer que, pour satisfaire au
rayonnement, à la réverbération de la chaleur de
la voûte chauffée sur la pâte à cuire, cette flèche
n'est pas absolument proportionnelle aux dimensions horizontales du four (1).

Sans doute, il y avait des fours plus petits que
les fours banaux, ou que ceux des boulangers.
Ainsi : « Sous Louis XIV et son successeur, dans
« les grands châteaux, le fournil présente parfois
« deux fours, l'un pour le pain, l'autre pour la pa-
« tisserie » (2). Le second était bien plus petit que
le premier, sans descendre toutefois aux dimensions de celui que nous allons décrire

Rousseau, l'habile architecte du théâtre d'A-
miens, construisit sous Louis XV, plusieurs pavil-
lons ou vide-bouteilles dans la banlieue et les
faubourgs d'Amiens. Dans l'un, en façade sur la
rue de Castille, englobé actuellement dans le

(1) Citons à titre d'exemples : Diam. 8 à 10 pieds ; flèche
10 à 12 pouces (Maloin). — Flèche 16 pouces (l'arm).

(2) M. Rustiq. t. II. p. 8.

jardin de M. Boitel, rue Jules Barni, le four, très certainement destiné à la seule pâtisserie, est fort intéressant. Ce four, placé dans un angle, sous la hotte de la cheminée de la cuisine en sous-sol, est de forme elliptique très allongée. Sa flèche est de 0 mètre 32 ; sa largeur maxima de 1 mètre 06, et sa profondeur de 1 mètre 40.

Le four du laboratoire de Jehan de Louvegny est bien plus petit que celui-là. En effet, il n'a que 1 mètre 06 de largeur, sur 0 mètre 77 environ de profondeur. Sa voûte faite en cul de chapeau a 0 mètre 33 de flèche.

Les produits de la combustion du bois sont appelés dans la cheminée à feu nu par un carneau ou rampant AABB, ménagé dans le mur, en avant de la bouche du four. Ce conduit, à 18 degrés environ, figure en pointillé tant sur le plan que sur la coupe de la sallette-bas. Au dessous du four est le dépôt à braises, disposition adoptée encore aujourd'hui chez les boulangers et pâtissiers.

A quoi pouvait bien servir un four de dimensions si restreintes ? Si nous n'avons trouvé, dans aucune pharmacie moderne, un four de ce genre(1), l'inventaire va élucider la question.

Maloin dit quelque part que : « les anciens com- « prenaient sous le nom de pain ce que nous dis-

(1) Charras donne cinq planches de divers fours employés en pharmacie de son temps ; mais il est à remarquer que ce sont des fourneaux portatifs et non des fours faisant corps avec la maçonnerie de l'immeuble.

« tinguons aujourd'hui par celui de pâtisseries ou
« de pièces de four ».

Or le pharmacien d'alors cumulait parfois, avec
le sien, le métier de *pastichier*, et, si ce four pouvait à la rigueur, dans certaines circonstances, lui
servir d'étuve, il est aussi permis de dire qu'il y
faisait cuire les *machepains de dragée*, portés
notamment au n° 202 de l'inventaire (1).

3° Le Puits

Le puits peu profond a 0 mètre 82 de diamètre ;
il est creusé dans un coin de la cour du Bénistoir.
L'assise supérieure de sa margelle vient affleurer,
en une grosse pierre de 0 mètre 23 de profondeur,
au nu du mur de la sallette-bas, percé en cet endroit d'une porte P. P'. encore en place et ouvrant
du dehors en dedans (2).

On voit que, dans cette pièce, J. de Louvegny
avait groupé tout ce qui pouvait être utile à la
fabrication de ses drogues, l'eau du puits, le feu
nu de la cheminée, et l'étuve du four. Nous ne
pensons pas qu'à Amiens, aucune cuisine bourgeoise ait réuni toutes ces conditions qui, au con-

(1) Les massepains de Reims à base d'amandes pilées ne
seraient-ils pas les ancêtres de nos macarons d'Amiens ?
Ces massepains, étant de la famille des pâtisseries sèches,
connues, de temps immémorial, sous le nom de *petits fours*,
ne tireraient-ils pas leur nom des dimensions restreintes
du four dans lequel on les cuisait ? V. n° 202, inv

(2) En outre des plan et coupe ci-dessus, consulter le
plan d'ensemble du Fauconnier et du Bénistoire, p. 34.

traire, avaient leur raison d'être dans le laboratoire d'un apothicaire bien outillé.

Si donc nous avons parfois osé émettre quelques hypothèses dans la reconstitution de la maison occupée par de Louvegny, de 1502 à 1520, au Fauconnier de la rue des Orfèvres, tout au moins n'avons-nous marché, dans ce passé assez ténébreux, qu'à la lueur de documents authentiques tirés des archives départementales et des données de l'inventaire, ou des constatations matérielles relevées sur les lieux.

C'est vraisemblablement dans le cellier (cave) (n° 190 inv.), dans le laboratoire (n⁰ˢ 305 et ss. id) et dans les *chambres haultes*, c'est-à-dire, du premier étage (n⁰ˢ 200 a et 206 a, 341, 383, 403 et s.s. id.) que devaient se trouver les pots en terre commune grise, la plupart vernissés en dedans seulement, et destinés à contenir les pommades, opiats, etc., vendus aux clients. C'est sans doute à raison de leur très minime valeur qu'ils ne sont pas mentionnés dans l'inventaire. Pour la même raison, ils ne devaient pas être, après usage, repris par l'apothicaire ; sinon ils ne se rencontreraient pas aussi fréquemment, pour ne pas dire toujours, dans les fouilles du sous-sol du Vieil-Amiens.

Il est à remarquer que, dans notre langue, le mot pharmacie a précédé de beaucoup celui de pharmacien ; aussi donne-t-on aux vases les plus anciens d'apothicairerie le nom de vases ou pots de pharmacie. Les deux mots d'ailleurs n'étaient

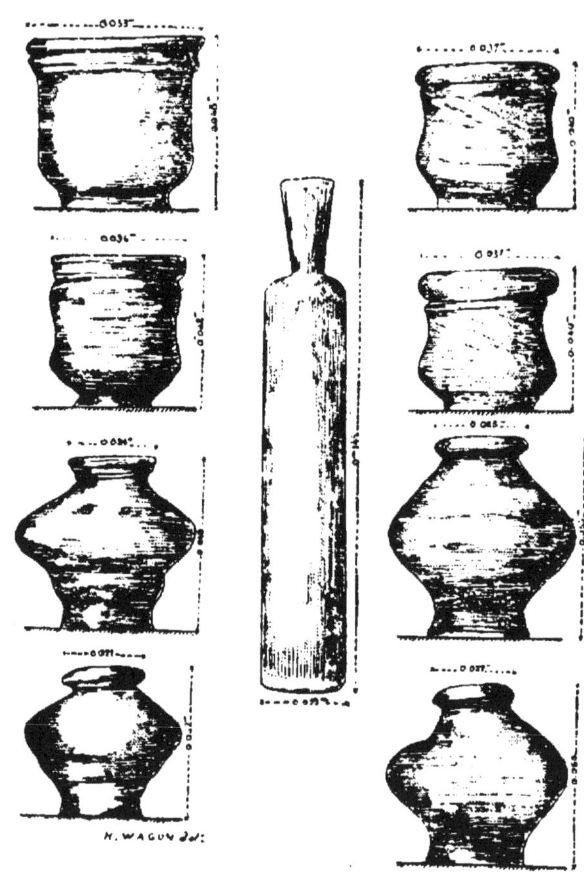

Pots et Fiole de Pharmacie

Pots (Marché Lancelles, 1894). — Fiole (Parvis N.-D., 1900).

POTS DE PHARMACIE

(Port d'Aval, 1903).

pas des synonymes absolus, étymologiquement parlant, puisque *Pharmacon*, en grec, veut dire à la fois médicament et poison, tandis que *apothè-qué* signifie magasin et, par extension, magasin de drogues (1).

Les pots de la première planche, actuellement déposés au musée de Picardie, proviennent de fondations faites en 1894, au marché Lanselles. La fiole, (topette), qui nous parait postérieure au xvi⁰ siècle, a été trouvée, il y a six ans, dans la cave d'une des maisons démolies alors, sur la place du parvis N.-D., en face de la Cathédrale (2). Les pots de la seconde planche (de notre collection) furent découverts en 1903, à un mètre environ au-dessous du pavé de la place située entre le château d'eau et la Somme. — Nous n'osons affirmer que le pot à une anse et à col étroit soit bien un vase d'apothicaire.

On s'accorde généralement à penser que ces récipients grossiers sortaient des fabriques de Beauvais et de Conchy-les-Pots (Oise) et les topettes des verreries de la vallée de la Bresle.

(1) « Que le roy avait institué une maison de charité pour faire de la pharmacie et apotiquerie (1377. Felib. Hist. de Paris, V. 5. God. V⁰ apotécarie). — V. p. 37 et 38.

(2) Guy. p. 30.

CHAPITRE VI

Législation concernant les apothicaires
à Amiens
(Spécialement de 1457 à 1582).

A l'origine, et pendant longtemps, à Amiens, le nombre des apothicaires a été fort limité. Ainsi en 1502, on n'en comptait que quatre : Jehan Delattre (1), Lucas Herbet (2), Henri Bocquet et Jehan de Louvegny.

En 1528, ce nombre s'était accru d'une unité (3). En 1654, on en compte cinq en jurande, chiffre établi par des statuts homologués au Parlement le 6 juin de la même année (4) ; enfin en 1745, il n'y avait encore dans Amiens que cinq maîtres et — détail curieux — une veuve, presque tous parents (5).

(1) « Rue Henri-IV. n° 25. La *Grise glinne* (*gleine*, « *glaigne* du latin *gallina*, poule), en 1509, à Jehan Delattre, « apothicaire » (Dubois p. 41)

(2) « Même rue, n°ˢ 28 et 30, Le *Singe asssis*, en 1522, à « Cécile Castelain, veuve de Lucas Herbet, apothicaire. » (Id. p. 42).

(3) Voir *infra*, note sous le règlement de 1528.

(4) Notes de M. Pinsard, *passim*.

(5) Les statuts de la faculté de médecine de Paris, rédigés en 1350, placent sur la même ligne les chirurgiens et chirurgiennes, les apothicaires et les apothicairesses, les

Sans doute notre ville n'avait point à la fin du
xve siècle un grand développement, puisqu'elle
était largement enclose, au sud surtout, par nos
vieux boulevards actuels, mais, à première vue, ce
chiffre restreint des apothicaires surprend d'autant
plus, que l'affluence des chalands dans leur boutique devait être augmentée par le fait qu'ils n'y
exerçaient pas alors comme de nos jours, cette
seule et unique profession.

« C'est ainsi qu'en 1457, nous voyons : « An-
« drien Lesueur, apothicaire, pour avoir malvai-
« sement ouvré et fait les *torses* (torches) pour
« l'enterrement Alphons le Mire, en alant contre
« les briefz de son mestier, amendé de xx s., et
« si furent les dites torses condempnées estre
« rompues. ... » (1).

L'épicier existait, à coup sûr, au commence-
ment du xvie siècle ; mais il est assez étrange que
le mot *épices* ne figure pas dans l'inventaire de
Jehan de Louvegny. Aussi vainement l'avons-nous
recherché dans nos archives communales et dans
le registre aux chartes de la ville d'Amiens, où
sont « escriptz les briefs des mestiers de la ville
« d'Amiens et les ordonnances faictes sur iceulx

herbiers et herbières. Ces trois métiers pouvaient donc
être exercés par des femmes (Franklin, p. 4). — Nota :
Herbier, (du lat. *Herba*, herbe) ne méritait pas d'être détrôné par l'affreux barbarisme : Herboriste. — Cf. les
règlements des médecins et apothicaires de Cambrai, de
1615, 1653 et 1699. (Coulon, pièces justificatives).

(1) Arch Comm. S. C. C. Reg. 42, fol. 57.

« mestiers, le dict livre escript en l'an de grâce
« 1482, Sire Anthoine Clabault maieur » (1). Notons
qu'il en est de même du recueil des dernières
et principales ordonnances de l'échevinage d'A-
miens, réunies en 1586, et connu communément
sous le nom de *Livre Noir*.

En fait, à l'origine, l'apothicaire était mercier,
cirier, épicier, confiturier, droguiste, embau-
meur, etc. Il en était ainsi à Paris, à la fin du
xive siècle (2), à Rouen, en 1508 (3), à Lille, en
1591 (4) ; et rien n'autorise à penser qu'il pût et
dût en être autrement dans notre ville.

« On sait, dit Aug. Thierry, qu'au moyen-âge,
« on donnait le nom de merciers à toute espèce
« de marchands d'étoffes et d'effets d'habille-
« ment, de parure ou de fantaisie, et encore à
« ceux qui vendaient la quincaillerie, l'épicerie,
« la droguerie, etc. Le plus ancien statut des
« merciers d'Amiens, qui est daté du 24 mars 1405,

(1) Arch. Comm. S. A. A. Reg. N. f° 1.

(2) On lit dans Etienne Boileau. « Dans ces règlements
« anciens de la fin du xive siècle, se trouve la première
« mention des apothicaires. Peut être étaient ils en cor-
« poration ?... Peut-être étaient-ils assimilés aux épiciers,
« ciriers, etc. »

(3) « En 1508, à Rouen, l'apothicairerie, l'espicerie et la
« cyrerie étaient professions sœurs » (Pont. p. 118 et 125).

(4) A Lille, en 1591, les apothicaires et les épiciers pré-
sentèrent requête pour former une corporation isolée de
celle des merciers, graissiers, ciriers, parfumiers ; ce qui
fut accordé, le 20 janvier 1634 (Id. p. 118).

« constate que les ciriers et épiciers, leur étaient
« alors réunis. » (1).

Il en était encore ainsi le 29 avril 1507, date à
laquelle nous trouvons une attestation par Jehan
de Louvegny, apothicaire, Jean Mery, le jeune, et
Robert Darragon, merciers, *maîtres eswars* dudit
métier, qu'ils savent « le *pérée* de *sieu*, bon, léal
« et marchant, du *cousteau* d'Amiens, valloir ledit
« jourd'uy en ceste ville d'Amiens la somme de
« xxxvi s. t. » (2).

Plus spécialement, à l'époque qui nous intéresse, l'assimilation était presque complète. Dans
l'inventaire du 8 janvier 1514, dressé après le
décès de Demiselle Dufour, femme de Jehan Méry
Lejeune, mercière à Amiens (3), nous trouvons
des articles d'apothicairerie, tels que : « Cyre,
« vert de gris, poivre rond, gariga, fèvres de gi-

(1) Aug. Th. t. I. p. 513, note 6).

(2) Arch. comm. S. F. F. 31, fol. 19.

Pérée, perrée, certaine mesure de grain. (Duc.) —
« Chacune perrée de *siu* (suif) ou d'oint (graisse) » xiie siècle,
déclaration des droits de travers perçus à Amiens ; **Aug.
Th.** mon. du Tiers-Etat I, 82. — (God. vo perrée.) —
Esward, Inspecteur, officier municipal, (Duc.) — La formule : « bon, loyal et marchand », est restée dans la termi-
nologie commerciale. — Le *Cousteau* d'Amiens ? Aucun
glossaire roman ne donne d'indication sur ce mot couteau,
avec l'acception probable qu'il doit avoir ici : le suif se ven-
dant en pains, ou blocs, le couteau répond peut-être à une
division déterminée de ces pains (???).

(3) Inv. relevé par M. G. Boudon, cité au chap. VIII,
note 2 des généralités.

« roffre, canelle gomme arabisque, gingembre,
« moustarde, vif argent, *coppons* (petites chan-
« delles), safrang, oing, camomille, etc. ».

Inversement en 1554, l'apothicaire fournissait encore des marchandises d'épicerie. C'est ainsi que, le 23 juillet de cette année, nous voyons figurer aux dépenses de bouche faites par la reine, à Sermoise et à Soissons,... « Dû à l'appoticaire :

« douze onces des trois épices	xvi s. x d. ob.	
« quatre onces clou et muscade	xvii s. vi d. —	
« une once saffran	vii s. vi d. —	
« quatre onces menue espice	v s. vii d. —	
« trois onces clou et muscade	xiii s. ii d. —	
« deux onces canelle	vii s. ix d. —	
« une livre sucre (1).	x s. » —	

De cette façon encore s'explique aussi comment, le 13 mai 1644, intervenait une transaction entre les merciers secs et les merciers, ciriers, grainiers, épiciers, droguistes, apothicaires de la ville d'Amiens (2).

A ces divers titres, l'apothicaire était, comme ses assimilés, soumis au contrôle de l'échevinage.

Devant cette même juridiction étaient portées les difficultés s'élevant entre les dits marchands à l'occasion de leurs transactions commerciales (3).

(1) Beauv. t. I, p. 216. — Spécialement sur le sucre. V. p. 46 et n° 205, inv. et sur les monnoies n° 1 inv.

(2) Arch. comm. S. A. A. 13 f° 339.

(3) « Délai d'absence accordé à Jehan de Louvegny, « apothicaire à Amiens, défendeur contre Jehan Archer le

Ce n'était pas seulement à Amiens que l'apothicaire cumulait les diverses professions que nous avons énumérées ci-dessus. Il en était de même dans toute l'étendue du royaume (1).

A Paris, l'ordonnance du 18 août 1484 visait le « mestier des ouvraiges et marchandises d'espi- « cerie, appoticairerie, ouvraiges de cire et confi- « tures de sucre » (2), sans autre spécification.

Pour la première fois, les statuts de juin 1514 accentuèrent la distinction entre ces métiers. « Qui est espicier n'est pas apothicaire et qui est « apothicaire est espicier », dit très clairement le préambule.

Nous n'avons pu retrouver à Amiens une corporation d'apothicaires avec sa bannière ; et cela se comprend facilement, étant donné le nombre restreint des apothicaires que nous signalions p. 61.

« jeune. marchand à Rouen, ayant le droit et cause d'une « somme de 8 l. dûe par ledit de Louvegny à Baudet le « Portier, aussi bourgeois et marchand à Rouen, 6 avril « 1510 ». — Arch. comm. S. FF 34, fol. 58 Vº.

Ce délai d'absence n'est autre qu'un sursis accordé par l'échevinage, tribunal du défendeur de Louvegny, débiteur de Baudet aux droits de qui, par succession, cession ou autrement, était Archer, le demandeur. C'est l'application de la règle encore en vigueur aujourd'hui : « *Actor forum sequitur rei* ».

(1) Spécialement à Avignon, (Gran. p. 21 et ss.)

(2) Cette ordonnance est d'un grand intérêt ; elle est *in extenso*, Frank. p. 241 à 254 ; Cf. Trév. et Sav. Vº apothicaire. — Le lecteur en trouvera des extraits, p. 69, note 2.

Nos pères s'inquiétaient fort « que tout ce que
« les pasticiers, cuisiniers et rostisseurs accou-
« traient et maniaient fût digne d'entrer au corps
« humain ». A plus forte raison devait-il en être
de même des substances destinées aux malades.

C'est ainsi qu'en septembre 1502, Allain de
Goursalleur, docteur en médecine, maistre Pierre
Dienville licencié et maistre Jehan Aux Cousteaux,
bachelier en médecine, visitèrent, par ordre de
l'échevinage, chez les quatre apothicaires d'A-
miens (parmi lesquels Jehan de Louvegny) les
drogueries et choses servant à la médecine (1).

Les procès verbaux (cahiers) de cette visite
furent déposés aux archives. (2) En tête de chaque
cahier était transcrite une ordonnance réglemen-
taire qui paraît être le premier statut donné à la
compagnie et présente des prescriptions de police
sanitaire qui, comme le remarque judicieusement
Aug. Thierry, ont été en partie consacrées par
la législation moderne et dont voici l'analyse :

1° Tous les ans, il sera fait chez les apothicaires une visite semblable à celle qui a eu lieu
au mois de septembre 1502 ;

2° Les personnes qui voudront désormais exer-
cer à Amiens la profession d'apothicaire auront à

(1) Aug. Th. p. 487. — Cf. note 2 sur A. Goursalleur.
(2) 1503 « à maistre Alain Dengoullefaleur (*sic*) de « avoir
« doublé de sa main les quatre kayers faitz aux apothi-
« caires de la Ville, pour eux doresnavaut rigler et avoir
« les drogueries à plain déclaréez esdits kayers » (Arch.
comm. S. C. C. 81. fol. 114.)

subir un examen par devant gens du métier et prêteront serment de se conformer à toutes les ordonnances qui concernent la pharmacie ;

3° Il y aura, dans chaque boutique, un tableau renouvelé tous les ans et portant. l'indication des drogues exposées ou mises en vente ;

4° Les apothicaires fourniront à leurs frais une copie des ordonnances promulguées a Paris sur la police de leur métier, afin qu'elles servent, le cas échéant, de modèle à de nouveaux règlements.

Le 9 mars 1528 l'échevinage rendait une nouvelle ordonnance (1), confirmant les prescriptions de l'an 1502. Les apothicaires sont de plus soumis à certaines conditions d'examen et de chef-d'œuvre ; on leur défend de préparer des drogues dangereuses sans le concours des médecins, et d'en délivrer sans leurs ordonnances, hors les cas d'absolue nécessité.

Ces ordonnances, que le médecin datera et signera, devront être gardées avec soin par les apothicaires et pendues au *crocq* (2).

Aug. Thierry a relevé aussi dans nos archives, un acte du 20 décembre 1539, où l'échevinage

(1) Archiv. comm. Série A. A. 13. f° 244. — Aug. Th., p. 582. Cette ordonnance a été publiée en présence de « maistres Jehan Willeman, Flourens le Pelletier et « Nicolas Waucquelin, docteurs en médecine ; Jacques Obry, « Walleran Herbet, Charles Lebœuf, Pierre Le Plétier, « Jehan Herbet et François de Fényn, apothicaires ».

(2) *Crocq*, croc, crochet, (V. Reb. pic. p. 582) et *supra* p. 43.

rappelle aux apothicaires, les défenses à eux
faites de débiter des drogues sur la demande d'in-
dividus n'ayant pas rempli les conditions requi-
ses pour l'exercice de la médecine (1).

Ces règlements, déjà si précieux pour nous,
puisque c'est sous leur empire que de Louvegny
exerçait sa profession, sont éclairés d'une manière
singulière par le « *règlement pour observer en*
« *passant maistre en l'estat des appoticaires, faict*
« *en l'an 1576, à Amiens* » qui, au rapport d'Aug.
Thierry, « par les dispositions et les détails qu'il
« renferme, intéresse non seulement l'histoire des
« corporations industrielles, mais encore l'histoire
« des sciences » (2).

(1) Aug. Thierry, p. 835 en note.

(2) En 1484, pendant la minorité de Charles VIII inter-
vint une grande ordonnance royale fondant toutes les ordonnances antérieures dans un seul et même monument
organique sur la vente des remèdes. C'est là le premier véritable code des pharmaciens.

Cette ordonnance règle la durée de l'apprentissage qui
devra être de sept années chez un apothicaire« sans dis-
continuation » (Desch. V° apoth.), les frais et mode de réception, leur répartition entre le roi, la confrérie et les exami-
nateurs (d'où l'origine des jetons) ; elle règlemente à
nouveau les visitations dans les magasins et les *ouvrouers*
(laboratoires), l'examen des poids, des drogues, etc., etc.
Cette ordonnance remontant à 1484 ne devait être enregis-
trée que trente six ans plus tard par François Ier, le
5 mai 1520, (Pont. *passim*), quelques mois avant la mort
de J. de Louvegny, dont l'inventaire après décès est du
13 août de la même année.

— Cf. statuts des médecins, pharmaciens *sive* apothi-

Malheureusement cette ordonnance, purement technique dans la plupart de ses dispositions, et se plaçant d'ailleurs bien au delà des limites de cette étude, 1520, mort de Jehan de Louvegny, force nous est de n'en donner que les rubriques (1).

Ajoutons qu'un prévôt, élu tous les deux ans

caires, espiciers et chirurgiens d'Avignon, révisés en 1568 (Gran. p. 64 et ss)

En 1586, à Auxerre, Contant apothicaire, prend en apprentissage pour 4 ans, Prix fils de... « Ledit Contant devra « le nourrir, le loger et lui monstrer à son pouvoir bien « et loyalement led. estat et aultres choses licites et honnestes. Il recevra à la fin de la 3ᵉ année, la somme de 36 écus sol. » (Bull. Yonne 1900, p. 423.)

(1) 1° Du jour de l'examen,

2° De la préparation du chef-d'œuvre,

3° De la présentation des simples préparés et disposés pour le chef-d'œuvre,

4° Des interrogations qui sont à faire sur les simples du dit chef-d'œuvre,

5° Comme il faut procéder en réduisant les compositions du dit chef-d'œuvre en leurs formes,

6° De la résolution du dit chef-d'œuvre,

7° De la réception à l'hôtel-de-ville,

8° Des frais et dépenses qui se pœuvent faire par celui qui prétend à passer maistre,

9° Du reiglement aux assemblées,

10° Le devoir et subjection du médecin,

11° Le devoir et subjection de l'apothicaire,

12° De la feste et solennité de monsieur St Luc,

13° Les messes ordinaires et les frais qui se font à l'église pour le service.

(Arch. Comm. Liasse 8, n° 8 et Aug. Th. p. 834 et ss.).

dans chacune des deux corporations, médecins et apothicaires, était chargé de régler les affaires de leur commune confrérie.

L'ordonnance de 1602 est muette sur la formule du serment à prêter par le candidat. En 1576, il devra jurer « qu'il est homme de bien et « sans répréhension, craignant Dieu, qu'il est « savant et docte, entendant le latin, qu'il est riche « et ayant des moïens pour furnir à l'estat... » (1)

(1) « Du serment des apothicaires de Paris au xiv⁰ siè- « cle, de leur réception à la maîtrise, nous extrayons « textuellement le passage qui suit :

« Je jure et promets devant Dieu... que j'observerai de « point en point tous les articles suivants.

« Et 1° je jure de vivre et mourir en la foi chrétienne,

« Item : De ne médire d'aucuns de mes anciens docteurs « maitres pharmaciens,

« Item : De ne rien faire témérairement sans avis des « médecins ou sous l'espérance du lucre tant seulement,

« Item : De ne donner aucun médicament sans conseil « préalable de quelque docteur médecin,

« Item : De ne découvrir à personne le secret que l'on « m'aura commis,

« Item : De ne donner à personne ni poison, ni subs- « tance abortive,

« Item : D'exécuter de point en point les ordonnances du « médecin :

« Item : De fuir comme la peste les façons de pratiques « des charlatans, empiriques et souffleurs d'alchimie.

« Item : De ne tenir aucune mauvaise et vieille drogue.

« Le Seigneur me bénisse toujours tant que j'observerai « ces choses », (Larousse, V⁰ Pharmacien ; Monteil, p. 70 et 78).

Les interrogations, écrit le copiste d'Aug. Thierry, devaient porter sur des extraits de Mesne, Tagot et Sylinus. Nous devons signaler ici en passant trois mauvaises lectures ou fautes d'orthographe en ces trois mots qu'il faut lire : Mesué (1), Tagault (2), Sylvius (3).

Cette lecture d'Aug. Thierry « Le jour de la « feste de monsieur St Luc, se célébrera une « messe à haute voix, selon la solemnité du sainct « jour, au couvent des religieux de Saint-Martin- « aux-Cloches et chantée par les religieux du « dit lieu » nous semble aussi critiquable.

Qu'était-ce que Saint-Martin-aux-Cloches ?

Et tout d'abord il ne peut s'agir de Saint-Martin-au-Bourg ou au Waides qui était une paroisse, située place Saint-Martin, près de l'hôtel des Clocquiers, où se tenait l'échevinage.

(1) Jean Mesué, médecin arabe, mort en 855, dont les œuvres imprimées en latin sous le titre : *Opera omnia*, (Venise, 1471 et 1563), étaient le codex des apothicaires contemporains de J. de Louvegny.

(2) Les ouvrages de nos compatriotes étaient alors en grand honneur, puisque Tagault et Sylvius sont Picards. Tagault, Jean, né à Buleux (Somme), mort en 1545 ; chirurgien célèbre (Dus. et Scr. t. II, V° Tagault).

(3) Sylvius ou Dubois, né à Lœuilly (Somme) en 1498, mort en 1555 : *J. Sylvii opera medica, in sex partes digesta.* (Genève, 1630), (Dus et Scr. t. II, V° Sylvius, et Hoefer cod. V°).

— Le premier manuel de pharmacie écrit en français est l'*Enchiridion*, paru en 1561 (Pont. p. 90 et Dusseau V° Enchiridion).

Il est peu vraisemblable que le copiste ait pu lire « aux cloitres » dans les mots « aux cloches », d'autant plus que cette désignation de Saint-Martin-aux-Cloches ne se trouve nulle part (1).

Il ne peut être ici question que de Saint-Martin-aux-Jumeaux, abbaye d'hommes qui, en 1634, devint le couvent des Célestins, sur l'emplacement duquel s'élève le palais de justice actuel (2).

Le 18 octobre, le jour de la St Luc, il y avait « une grande messe, chantée avec cierges sur « l'herbe et des chapeaux de fleurs à toutes les « images » (3), par opposition avec « la messe de « sepmaine, célébrée à basse voix, par ung des « religieux », vraisemblablement sans cloches, sonnant à grande volée.

Enfin, pour en finir avec les ordonnances concernant les apothicaires amiénois, citons celle du 30 juin 1582.(4) Après avoir rappelé les réglements antérieurs, elle défend notamment aux apothicaires « de faire aucune composition comme tiri-

(1) Communication de MM. de Calonne, Durand, de Guyencourt, Pinsard de la Soc. des Antiq. de Picardie.

(2) Hist. d'Amiens du Père Daire, Célestin, t. II, p. 432. Ainsi s'explique comment Corblet, (V°. St Luc) a pu dire que la St-Luc était célébrée par les médecins et les apothicaires en l'église des Célestins.

(3) Sur les chapeaux de fleurs, voir à ce mot la Petite Hist. de Picardie, (dictionn., par A. Janvier.)

(4) Arch., Comm. Série A. A. vol. 17, f° 29 v°. — « Ce règlement non cité par A. Thierry est en entier transcrit au livre noir, p. 71 et 72.

« acle ou métridat (1) et principalement composi-
« tions laxatives où gyst grand danger si elles
« sont faites de mauvaises drogues,... de tenir
« aucunes médecines faites à leur plaisir sy les
« dispensations d'icelles ne soient approuvées
« par le Nicolas ou autre docteur,... de faire
« aucunes distillations ou restorats sans ordon-
« nance (2)... n'y faire aucune flébotomie sans
« ordonnance et avis des dits médecins » (3).

Ce rapide exposé montre le contrôle sérieux
dont notre échevinage, soucieux de la santé publique, entourait la profession de l'apothicaire.

(1) Thériaque V n° 131 inv. ; Mithridate, V° n° 124 inv.
(2) *Distillation* a, dans Paré (1517-1590), le sens de produit obtenu par la distillation. —*Restorat*, restaurat, remède
restauratif, par opposition aux purgations.
(3) *Flébotomie*, (aujourd'hui et pourquoi phlébotomie ??)
saignée d'une veine, et non d'un artère (artériotomie) ou,
en d'autres termes, saignée par sangsues ou ventouses.

CHAPITRE VII

Jehan de Louvegny, son lieu de naissance, sa famille, ses deux mariages, — Jacques Hobbe — Obituaire des Célestins d'Amiens. — L'apothicaire et le pileur des stalles de N.-D. d'Amiens.

Si l'inventaire de Jehan de Louvegny est fort complet en ce qui touche les drogues qu'il débitait et les meubles garnissant sa maison, au contraire les papiers trouvés à son domicile n'éclairent que d'un jour bien incertain sa biographie et plus particulièrement le lieu de sa naissance.

Sans doute, son nom a toujours été lu et ortographié comme ci-dessus, tant par Aug. Thierry ou son copiste que par M. G. Durand, archiviste de la Somme, dans les pièces assez rares où ils l'ont remontré. Mais on sait quelles altérations ont subies les noms patronymiques, dans les actes privés ou publics, et elles s'accentuaient bien plus encore, quand un membre de ces vieilles familles allait s'établir dans une province plus ou moins distante de son lieu d'origine.

C'est ainsi que, dans nos pays, des familles de Louvigny (1), de Louveigny (2) pourraient bien,

(1) M. Roger Rodière dans le supplément au cartulaire des établissements religieux et civils du Boulonnais (Boulogne-sur-Mer, Hamain, 1905, p. 207 et ss.) cite des *de Louvigny*, vieux lignage du Boulonnais, de 1207 au xvie siècle.

(2) Un Robert *de Louveigny* était notaire du Roi à Beauvais, en 1533. (Beauv. p. 229).

malgré les différences d'ortographe de leur nom,
avoir une souche commune. Mais celle-ci vraisemblablement ne doit pas se trouver en Picardie,
où aucun bourg, village, écart ou fief ne porte le
nom de Louvegny ou quelqu'autre s'en rapprochant.

Il n'en est pas de même de la Normandie et plus
particulièrement du département de l'Eure où il
existe trois hameaux nommés Louvigny (1). D'où
une présomption que notre apothicaire, issu d'une
vieille famille normande, était venu se fixer à
Amiens où son nom avait pu être altéré, s'il ne
l'était déjà antérieurement.

Heureusement une pièce (encore inédite mais
déjà imprimée) de nos archives communales, et
portant la date du 13 octobre 1511, allait donner
un corps à cette présomption.

C'est une « ratification par Jean de Louvegny,
« marchand apothicaire, de la vente faite par
« Nicolas de Louvegny, son frère, demeurant à
« Nœux (?), à noble homme Nicolas le Cordier,
« écuyer, seigneur du Troncq, d'une pièce de
« vigne de 8 verges, « en la paroisse Saint-Pierre
« audit lieu de Nœux », tenant..... « d'autre bout
« par bas, à la sente de l'eschelette qui maisne à

(1) Dans le dictionn des Communes de France, on
trouve des localités portant les noms de Louvigni, Louvi-
gnies, Louvigny, Louvagny, dans le Nord, la Meurthe-et-
Moselle, le Calvados, l'Eure (v. p. 79) et même les Basses-
Pyrénées.

« Saint-Michel des vignes. » pour le prix de 15 li-
« vres tournois » (1).

Le manuscrit est d'une écriture détestable et
le nom de pays presqu'indéchiffrable, semble
bien, à première lecture, être Nœux. Cependant il
n'est pas douteux que ni l'une ni l'autre des deux
communes de France, portant ce nom, ne peut
avoir été le berceau des de Louvegny, car, dans
aucune d'elles ne se retrouvait ni ce nom patrony-
mique, ni une église ou aide sous le vocable de
Saint-Pierrre, ni la sente de l'Eschelette, ni enfin
aucun seigneur du Troncq (2).

Grâce à la ratification sus datée, nous retrou-
vions, dans le dictionnaire de la Chesnaye, des
Cordier de la Londe, comme descendants d'une
vieille famille originaire de Normandie (3).

Dès lors, nous sentant sur une piste sérieuse,
nous n'avons pas hésité à faire appel aux lumières
de M. E. Le Mercier, avocat à Neubourg (Eure) et
de M. G. Besnier, ci-devant archiviste de l'Eure et
actuellement du Calvados. Tous les deux, avec
une obligeance dont nous leur savons un gré in-

(1) Arch. comm. S. FF. 36 f° 97.

(2) Lettres du 9 mai 1906, 1° de M. Gossart, curé de
Nœux-les-Mines, canton de Houdain, arrondissement de
Béthune (P.-de-C.) ; 2° de M. D. Péru, curé de Nœux,
canton d'Auxi-le-Château, arrondissement de Saint-Pol
(P.-de-C.).

(3) De la Chesnaye. Dict. de la noblesse, Paris, Schlé-
singer, 1865, (V° Le Cordier).

fini, nous ont fourni les réponses les plus nettes
aux questions posées relativement à la ratification
qui leur avait été soumise (1 et 2).

Pour M. Le Mercier, le mot, très mal écrit, que
nous avons cru être Nœux est incontestablement
Evreux .. Les indications données dans la désignation de la pièce de vigne, ne peuvent laisser
aucun doute. De plus la paroisse Saint-Pierre est
une paroisse d'Evreux ; Saint-Michel-des-Vignes
dont il est question dans les abornements est une
ancienne chapelle située sur une côte autrefois
plantée en vignes ; enfin la *sente de l'eschelette
qui y maisne* est une sente portant encore ce nom
et qui part de l'extrêmité de la rue des Lombards
pour conduire à la chapelle Saint-Michel (3).

Il est donc désormais acquis que, en 1511, au
moment de la vente dont s'agit, Nicolas de Louvegny, le frère de notre apothicaire, habitait
Evreux, et que ce dernier avait quitté la Normandie
pour venir à Amiens.

La famille portait alors à Evreux le nom de
Louvigny ; il en existe encore des membres au-

(1) Lettre de M. Le Mercier du 16 mai 1906.
(2) Lettre de M. Besnier, du 18 mêmes mois et an.
(3) *Eschelette* : Clochette, étrier, dans Duc., à ce mot ; en
plus, petite échelle, dans God. *eod I°*. C'est évidemment
ce dernier sens qui est ici applicable. En effet « en outre
« de la sente de l'Eschelette, il existe un escalier de
« 202 marches conduisant d'un autre côté, à l'enclos au
« milieu duquel se trouve l'antique chapelle, et portant le
« nom d'*eschelette tordue*. (Lettre Le Mercier précitée).

jourd'hui, dont l'un notamment était peintre et professeur de dessin au Lycée d'Evreux, il y a peu de temps. — Elle avait d'ailleurs d'innombrables représentants. Le princi-pal rameau fixé dans la région de Bernay, avait été maintenu noble en 1666 et portait : d'argent au chevron de sable, accom-pagné de trois têtes de loup, aussi de sable, lam-passées, allumées et arra-chées de gueules (1).

Comme il y a dans le départemant de l'Eure, trois hameaux du nom de Louvigni, l'un sur la commune de Saint-Aignan de Cernières, un autre sur celle de Giverville (arrondissement de Bernay) et le troisième à Sainte-Marguerite-de-l'Autel (arrondissement d'Evreux), les de Louvigny, d'E-vreux, doivent se rattacher à l'une de ces trois petites localités.

(1) *Lampassées :* dont la langue sort de la gueule ; *allu-mées :* dont les yeux sont ouverts : *arrachées :* déchique-tées et non coupées franchement. — Dans le langage hé-raldique, *sable :* noir ; *gueules :* rouge.

— Les armes parlantes des Louvegny, Louvigny, Lou-vencourt, Louvel, etc., comportent presque toujours des têtes de louves (voir Réb. pic. p. 32). Mais Louvigny est ici, étymologiquement parlant, formé de *Lupus* et du suf-fixe latin *acum* qui signifie domaine, propriété, d'où : domaine de Lupus (V. Jouanc. p. 220 et 221), et ensuite propriété de Leloup, nom de famille répandu partout.

Avec M. Le Mercier, nous estimons que les de Louvigny d'Evreux et, par suite, notre apothicaire ont dû tirer leur nom du hameau de Louvigni de Sainte-Marguerite de l'Autel, et ce, parce que le premier hameau est plus éloigné d'Evreux, et que les de Louvigni de Giverville étaient anoblis ; or il n'est pas démontré que la branche qui nous occupe l'ait jamais été (1).

Nous nous trouvons obligé de nous en tenir à cette hypothèse. Les minutes du tabellionage d'Evreux donneraient vraisemblablement quelques renseignements utiles, mais elles ne remontent qu'à 1515 ; de plus, elles n'ont jamais été dépouillées, et actuellement elles ne sont même pas classées, par suite d'un récent déménagement de M. Lempérier, notaire, qui en est le détenteur.

Enfin ne quittons pas la ratification de vente de 1511, sans dire que, à partir de cette date, l'on compte sept Nicolas le Cordier, seigneurs du

(1) « Fin du XV⁰ siècle, je trouve, m'écrit M. Besnier, à
« la monstre de la noblesse du bailliage d'Evreux en 1469
« (publiée par Bonnière, p, 3 et 4) Nicolas de Louvigny,
« écuyer, seigneur du Mesnil-Augeron, en la vicomté de
« Montreuil, qui fait agréer comme remplaçant au ban de
« la vicomté d'Evreux (où il exerçait un office ou résidait
« habituellement) un archer nommé Colin de Beausse « at-
« tendu la gravité et pesanteur dud. Louvigni ». — D'au-
« tre part, un Nicolas de Louvigny, non qualifié, est dé-
« signé comme aide-greffier, à l'Echiquier de Normandie
« en 1474. (Recherches de Montfault, m. s. des Arch. de
« l'Eure, p. 409). »

Tronc, dont la famille devait s'éteindre en 1742. Le simple écuyer, seigneur du Troncq, eut pour descendants des hommes ayant occupé dans le Royaume les situations les plus hautes, et obtenu, à juste titre, des lettres de noblesse (1)

Nos aïeux étaient moins sédentaires qu'on le suppose d'habitude, surtout ceux dont la profession sortait de l'ordinaire. On peut s'en convaincre par les noms des imagiers, enlumineurs ou autres artistes qui, dans le premier quart du xvie siècle, venaient de très loin en Picardie, pour y exécuter des travaux, notamment à la Cathédrale pour le chapitre, ou pour les maîtres de Notre-

(1) Le premier Le Cordier du Tronc, qui demeurait à Rouen, a obtenu des lettres de noblesse en 1510 ; le deuxième présenta des lettres de noblesse accordées à son père en 1517 ; le troisième était vicomte d'Evreux en 1549 ; le quatrième, conseiller au parlement de Rouen en 1571 ; le cinquième président de la chambre des comptes de Normandie en 1614. Sa terre, d'après la Chesnaye, fut érigée en marquisat en 1616. Le sixième est mort président de la même chambre en 1681 ; le septième est mort lieutenant général des armées du Roi, de la promotion de 1734, sans laisser de postérité.

Les Le Cordier portaient : « d'azur à la bande d'or, « chargée de 5 losanges de gueules, accompagnée de « 2 étoiles d'or, l'une en chef, l'autre en pointe. (Lettre de M. le Mercier). — D'après la Chesnaye, leurs armes étaient « d'azur, à trois griffons d'or, à la bande d'argent, « chargée de 5 losanges de même (*sic*) brochante sur le tout ».

Dame-du-Puy, à Folleville, pour la famille des Lannoy, etc. Rien donc d'étonnant de voir Jehan de Louvegny quitter Evreux ou quelque hameau des environs de cette ville, berceau de son enfance, pour venir établir son domicile à Amiens.

Les renseignements sur Jehan de Louvegny, en tant que citoyen d'Amiens, sont forcément rares.

Nous n'avons pu en effet retrouver les actes de l'état-civil, qui étaient reçus par « les auditeurs du Roy, nommés par le bailly », avant l'ordonnance de François Ier du 31 août 1515, instituant les premiers notaires dans notre Ville, ordonnance entérinée par sentence du bailliage du 15 septembre suivant.

Or « depuis 1515, les anciennes minutes ont,
« d'une part, été détruites par le temps, et, d'au-
« tre part, la loi du 20 septembre 1791, qui
« prescrivait aux héritiers des notaires non rem-
« placés, la remise de leurs minutes, en la garde
« des notaires, n'a pas été toujours rigoureuse-
« ment exécutée. » (1),

Ainsi s'explique comment les plus vieilles minutes de notaires d'Amiens ne remontent qu'à 1546, date qui est postérieure de vingt-six années à notre inventaire (2).

(1) Tableau des notaires de l'arrondissement d'Amiens, par M. Dournel, notaire à Amiens ; Amiens, Yvert, 1859.

(2) Elles se trouvent chez M. Devisme, le même notaire qui, en 1903, vendait les anciennes maisons du Fauconnier et du Bénistoir (p. 33 note 2).

Les actes de l'état-civil se trouvant soit au greffe du tribunal de première instance d'Amiens (1) soit aux archives municipales (2) ne sont pas non plus assez anciens pour éclairer d'une façon rétroactive la biographie de notre apothicaire.

Dès lors, les seules sources auxquelles il nous est permis de puiser sont l'intitulé de l'inventaire faisant l'objet du paragraphe ii du chapitre viii, et les pièces relevées dans le chapitre xi, relatif aux titres et papiers, sous les n⁰ˢ 403 à 417.

Mais il convient de remarquer que ces derniers documents dont l'intérêt était pour nous considérable, puisqu'ils ont trait, pour la plupart, à des affaires de famille, n'ont pas été dépouillés. Ils sont analysés sèchement, en quelques mots, souvent sans noms ni dates, et dans des conditions ne permettant pas de reconstituer le contexte des minutes détruites ou égarées, et, dans tous les cas, demeurées introuvables.

Cette partie de notre travail présentera donc forcément bien des lacunes regrettables qu'il n'a pas été en notre pouvoir de combler.

(1) Pour la paroisse Saint-Germain, sur laquelle était la Tête-pelée, les plus anciens actes sont du 25 décembre 1550 ; et, pour celle de Saint-Leu, sur laquelle était le Fauconnier, du 17 avril 1559.

(2) Pour Saint-Germain, 1ᵉʳ janvier 1662 ; pour Saint-Leu, 5 octobre de la même année. Les plus vieux actes de l'état-civil, naissances, baptêmes, publications de mariage, et décès, sont ceux de la paroisse Saint-Remy à Amiens : ils remontent à l'année 1554.

Nous avons vu (p. 22) Jehan de Louvegny en pourparlers avec l'échevinage, dès 1487, pour la location de la maison dite de la Teste-pelée, où il allait bientôt ouvrir sa boutique d'apothicaire.

Il est très vraisemblable que c'est après son installation comme maître qu'il contracta un premier mariage avec Jehenne Cocquel, à une date que nous ne pouvons déterminer sûrement (1).

Sa femme mourut avant lui, laissant un testament dont le n° 414 de l'inventaire indique simplement l'existence, mais sans aucune date ni teneur.

Un inventaire fut dressé à son décès, et un curateur fut nommé aux mineurs de Louvegny, dans la personne de Pierre Cocquel, en raison des biens délaissés par leur mère (n° 413 inv.)

Ce curateur donnera (n° 405 inv.) une quittance à Jehan de Louvegny, touchant les affaires de Mariette de Louvegny, l'une des mineures.

Enfin la pièce n° 411 nous permet de fixer approximativement la date de la mort de Jehenne Cocquel ; car elle témoigne que, le 19 avril 1504, des tuteurs. — Jacques et Jehan d'Amiens, — sont créés (*sic*) aux mineurs de Louvegny.

Jehan de Louvegny épousa en secondes noces Jehenne de Bourdon (2), ainsi qu'il appert de l'intitulé de l'inventaire ; mais aucune pièce relative

(1) Il existe encore à Amiens une famille de ce nom.

(2) Bourdon, village de la Somme, arrondissement d'Amiens, canton de Picquigny.

à cette union ne figure dans les papiers trouvés
à son décès, dans son domicile du Fauconnier.

Comme de sa première femme, il en eut plusieurs enfants. Mais combien et de quel sexe ? L'in-
certitude est ici aussi profonde que pour ceux
issus de sa précédente union avec Jehenne Cocquel.

Le rapprochement des dates permet d'affirmer
qu'une fille de Jehan de Louvegny, mariée en 1515,
à Claude Desjardins (n° 112 inv.), — peut-être bien
Mariette, dont il vient d'être parlé, — devait être
du premier lit.

Un renseignement précieux va être fourni par
l'obituaire du couvent des Célestins d'Amiens, des
xv° et xvi° siècles, dont nous extrayons le passage
suivant, duquel résulte qu'une autre fille de Jean
de Louvegny, Elisabeth, avait épousé un futur
apothicaire du nom de Jacques Hobbe.

APRILIS

* XII Devote matrone Hélizabeth de Louvegni,
que, pro salute anime sue Jacobique Hobbe,
fundavit intus unam missam qualibet ebdo-
mada, pro cujus fondatione, dedit trecentas
libras (1)

En 1518, nous trouvons un Guille (Gilles) Hobbe
occupant la maison du Bénistoir, contiguë, comme

(1) Beauv. p. 160. — Nota : Les obituaires ne portent
pas de dates d'années. L'obit ci-dessus était célébré le
12 avril. L'astérisque qui précède le quantième du mois
indique seulement que la fondation est postérieure au
xv° siècle.

on le sait, à celle du Fauconnier (1). Gilles avait
un fils, Jacques, qui à une date imprécisée, mais
forcément postérieure à 1528, et antérieure au
4 octobre 1530 (2), fut lui aussi apothicaire à
Amiens, et même exerçait cette profession en
1555, précisément dans la maison du Fauconnier
occupée par son beau-père qui y était décédé
trente-cinq ans auparavant.

Ces considérations permettent d'affirmer qu'Elisabeth, épouse de Jacques Hobbe, était fille de
Jehan de Louvegny et de Jehenne de Bourdon.

Il ne semble pas du reste que de Louvegny ait
eu des descendants mâles ; et ainsi s'explique
comment son nom, importé de Normandie à
Amiens, n'y a pas laissé de traces plus profondes.

Là se bornent les renseignements que nous
avons pu recueillir sur J. de Louvegny et sa famille. Car il n'apparaît pas que lui ou son gendre
Hobbe aient jamais occupé une situation quelconque dans la municipalité amiénoise, tout
absorbés qu'ils étaient par leur profession (3).

Le nom de Jacques Hobbe doit retenir une fois
encore notre attention. Nous le retrouvons en
effet dans la description du pileur des stalles de
la Cathédrale d'Amiens, par MM. les chanoines
Jourdain et Duval, sur laquelle nous reviendrons
à propos du costume des apothicaires, p. 92 et ss.

(1) Dubois, p. 16.
(2) V. p. 88 à 90.
(3) Janv. p. 170 à 211.

Ces auteurs s'expriment ainsi : « Sans ce dé-
« tour (*sic*) (le poignet et le pestel cassés), ce brave
« homme, occupé depuis si longtemps à piler les
« drogues de Jacques Hobbe, en aurait broyé,
« depuis 1508, de quoi guérir ou du moins em-
« baumer non seulement le corps du seigneur et
« doyen de Hénencourt, mais tous les chanoines ».
Cette note soulève deux observations.

A. *L'identification du pileur avec le garçon de
laboratoire de Jacques Hobbe, reste à l'état
de pure et simple hypothèse.*

Sans doute quelques bons esprits out cru que
certains personnages des stalles avaient été pris
sur le vif et étaient de véritables portraits. Nous
ne pensons pas qu'il faille aller jusque là. Que
tous ces personnages, les hommes surtout, aient
un air de famille, cela n'est pas douteux. « Mais,
« remarque très judicieusement M. G. Durand,
« nos entailleurs, Turpin et ses compagnons, ont
« simplement, naïvement reproduit le détail de
« la vie quotidienne » (1).
L'artiste en effet ne s'abstrait pas absolument ;
il s'imprègne des ambiances morales et physi-
ques dans lesquelles s'exerce son talent. Chaque
école a, pour ainsi dire, son type d'homme ou de
femme, et dans ce type commun chaque artiste
fait encore une sélection. Or nous ne pouvons ou-

(1) Dur. Ameub. N.-D. p. 293.

blier que les pommettes saillantes et le grand développement de l'arcade sourcilière sont des **traits** caractéristiques du facies picard et qu'on les retrouve aussi nettement accusés chez des personnages qui n'ont rien de picard, comme par exemple dans les sujets des sculptures du pourtour du chœur : vies de St Firmin, de St Jean-Baptiste, de St Jacques-le-majeur, les vendeurs du temple, et les sujets des stalles.

Cette particularité s'explique encore parce **que** ces fortes saillies avaient l'avantage de donner aux figures, en quelques coups de gouje, **une** physionomie accentuée et d'heureux effets de lumière, mais cela sans aucune recherche ni préoccupation bien démontrées de ressemblance.

B. *Jacques Hobbe n'était certainement pas apothicaire à Amiens pendant la durée de la confection des stalles de la Cathédrale.*

Notre inventaire contient tant de *basmes* (n° 77 inv.) ou autres produits ayant avec eux quelque affinité, qu'il est permis de supposer que, déjà, Jehan de Louvegny embaumait les personnages de conséquence (1). A plus forte raison devait-il en être ainsi plus tard. Mais comme les embau-

(1) D'après Petrus de Argelata (*In chirurgica*, éd. de 1498) « Dès que le pape (à Avignon) est mort, l'apothicaire « et les frères de la Bulle bouchent les orifices naturels du « cadavre, anus, bouche, oreilles, et narines avec du coton « ou de l'étoupe auxquels on ajoute, si c'est possible, de

mements ne pouvaient être faits que par les médecins et apothicaires en titre, le passage précité de MM. Jourdain et Duval nous semble contenir une erreur que, malgré sa minime importance, il convient de signaler en quelques mots.

On sait en effet que les cent-vingt stalles de la Cathédrale d'Amiens, commencées en 1508 ont été terminées en 1519 ou en 1522 au plus tard (1).

Or le doyen du chapitre à la libéralité duquel elles ·passent pour être presque exclusivement dues, mourut le 4 octobre 1530 (2). Il est acquis, il est vrai, que ce fut Jacques Hobbe apothicaire, qui l'embauma. Sur ce dernier point les chanoines Jourdain et Duval ont incontestablement raison (3).

« la myrrhe, de l'encens et de l'aloès. On lave le corps
« avec du vin blanc dans le quel on a fait bouillir des her-
« bes aromatiques et du bon vinaigre. On emplit le gosier
« avec des aromates et des épices, puis on le bouche avec
« du coton ; les narines sont remplies de musc. Enfin on
« frotte, puis on oint le visage et les mains avec du
« baume » (Gran. p. 83.)

(1) Dur. N. D. A. p. 153 et Soy. p. 154.

(2) Soy. p. 157.

(3) On lit dans l'état et compte de l'exécution du testament d'A. de Hénencourt : « Item, à Jacques Hobbe, apo-
• thicaire, pour avoir baillé plusieurs drogues de son mes-
« tier pour embasmer le corps dud. feu seigneur et aultres
« choses par luy livréez... IX l. XII s. — Item à Me Flo-
« rent Plétier, médecin, pour avoir été présent à ouvrir et
« embasmer le corps d'icelluy feu, baillé XXX s. IX. d. —
« Item, baillé à Me Nicaise Hurtault, cirurgien, pour avoir
« ouvert et embasmé le corps dud. feu un Philippus d'or de
« XXVII s. VI.d. » (Arch. Somme S.G.1073. A.I.L.44,n° 18).

Mais il est aussi établi que, le 9 mars 1528, date à laquelle se place une intéressante ordonnance de l'échevinage, sur la profession d'apothicaire, les seuls maitres apothicaires d'Amiens étaient alors Obry, Walleran Herbet, Lebœuf, Le Plétier, Jehan Herbet et de Fényn (1).

Donc Hobbe qui ne figure pas sur cette liste, n'exerçait pas encore sa profession en 1522, terme extrême de la confection des stalles ; et, dès lors, le pileur du chœur de la cathédrale d'Amiens ne pouvait être engagé à son service, comme garçon de laboratoire ou même comme apprenti.

« Le XVI° siècle modifia profondément les cos-
« tumes. Les relations avec l'Italie, le dévelop-
« pement de la richesse nationale, les progrès du
« luxe et du gout .. donnèrent aux vêtements des
« formes plus légères et plus brillantes » (2). Et, comme rien n'est plus contagieux que la mode, ce raffinement dans le costume, dont la cour avait donné l'exemple, avait vite gagné les classes bourgeoises aisées, et les citoyens occupant de hautes situations. On peut facilement s'en convaincre à la vue des figures en haut-relief enluminées du pourtour du chœur de la cathédrale, habillées à la mode d'alors, et où, à côté des plus hauts personnages, chamarrés de soie et d'or, se trouve mêlé le menu peuple.

(1) Aug. Th. p. 582.
(2) Chér. p. 519.

STALLES DE N.-D. D'AMIENS — L'APOTHICAIRE

Or les apothicaires avaient déjà un costume qui les différenciait du vulgaire. C'est ce costume de deux appui-mains des stalles qu'il nous reste à étudier, en le rapprochant des données de l'inventaire de J. de Louvegny.

1° D'APRÈS MM. JOURDAIN ET DUVAL. *Appui-main 8. L'Apothicaire.* « Il broie ses dro-
« gues dans un mortier. A son chapeau à bords
« retroussés, à son vêtement qui se divise à la
« hauteur des reins en basques élégantes et dont
« les manches bouffantes sont tailladées à l'é-

« paule, au coude et au poignet on reconnaît un
« homme important et honoré » (1).

D'après M. G. Durand. *Appui-main 6. 7.* « Le
« visage protégé par les larges bords du chapeau
« a gardé son modelé... ; on y reconnaîtra sans
« peine un apothicaire. Les traits accentués, les
« rides profondes qui sillonnent son visage, en
« font un homme d'un certain âge... Il porte une
« robe traînante, dont les manches sont d'une
« extrême complication : un rang de crevés aux
« épaules, deux torsades vers le coude et encore
« un rang de crevés au poignet, le tout allant en
« diminuant de l'épaule au poignet. De sa cein-
« ture partent quatre longues basques arrondies
« par le bas, paraissant être de cuir ou d'étoffe
« raide et ornées d'un semis de gros pois. Il pile
« dans un mortier quelque « drogue laxative » ;
« mais ce travail il le fait machinalement et son
« esprit est ailleurs... (2).

II° D'après MM. Jourdain et Duval. *Appui-
main 69. Le Pileur.* « C'est dommage qu'un acci-
« dent ou la malice de quelque enfant de chœur ait
« fait tomber à la fois le poignet et le pilon de ce
« brave homme, occupé depuis si longtemps à pi-
« ler dans un mortier les drogues de Jacques
« Hobbe, apothicaire du doyen du chapitre à cette
« époque. Sans ce détour, (*sic*), il en aurait broyé,

(1) Jourd. et Duv. p. 355 et 274.
(2) Dur. N. D. A. t. II. p. 244, pl. LXI.

STALLES DE N.-D. D'AMIENS — LE PILEUR

« depuis 1508, de quoi guérir ou du moins embau-
« mer non seulement le corps du seigneur et
« doyen de Hénencourt mais tous les chanoines…
« Il a la physionomie paisible, l'air distrait…
« Bonnement accroupi devant la table qui sup-
« porte le mortier, son confortable chapeau dû-
« ment appliqué sur sa large tête, il ne s'aperçoit
« pas qu'il a perdu son utile instrument en même
« temps que sa main droite » (1).

D'APRÈS M. G. DURAND. *Appui-main 69. 70.*

« Encore un apothicaire. C'est un homme im-

______

(1) Jourd. et Duv p. 377 et 274. — V. sur J. Hobbe p. 85.

« berbe à la bouche largement fendue et souriante.
« Coiffé d'un chapeau dont les bords larges sont
« coquettement retroussés par derrière, il porte
« une saie assez longue, munie de manches bouil-
« lonnées aux épaules et tailladées au poignet,
« fendue des deux côtés, laissant voir ses jam-
« bes aux chausses collantes et aux houseaux
« tailladés à la cheville. Une espèce de sacoche,
« ou peut-être une petite trousse, de forme bizarre,
« pend à sa ceinture derrière son dos. A demi
« agenouillé, il est en train de piler dans un petit
« mortier posé sur un escabeau, ce qui ne l'em-
« pêche pas de lever les yeux pour vous regarder
« et pour vous faire voir sa figure » (1).

Entre les deux descriptions qui précèdent, nous
n'hésitons pas à accorder la préférence à celle de
M. Durand. Elle a le mérite de donner une idée
absolument exacte des costumes dont le lecteur
retrouvera précisément les détails dans l'inventaire des objets mobiliers, notamment sous les
n°ˢ 357, 358, 377, 378, 388 et 389 (2).

Il s'agit bien dans la première figure d'un

(1) Dur. N. D A. t. II, p. 257, pl. LXXI.
(2) Le costume actuel des professeurs de pharmacie dans
nos facultés se compose : 1° d'une robe noire en drap,
avec devant en satin noir et revers de satin groseille.
L'épitoge rouge groseille porte, par devant et par derrière,
une raie d'hermine pour le pharmacien, deux pour le licencié es-sciences, trois par le docteur es-sciences ; 2° d'une
ceinture moirée noire avec franges noires ; 3° d'un rabat

apothicaire et dans la seconde d'un pileur, garçon de laboratoire. Le premier broyait ses drogues fines dans un petit mortier. C'est au second seul que revenait le soin de préparer à perpétuité, dans un grand mortier, les médicaments plus grossiers, spécialement l'onguent napolitain, très employé, à cette époque (1). Parfois même le garçon pilait en tenant de chaque main un pestel qu'il soulevait et laissait retomber alternativement (2).

Presque toutes les figures sculptées de la cathédrale d'Amiens portent, pendue au côté une bourse plus ou moins ornée. Nous reproduisons ci-après (3) une gravure allemande qui représente un chirurgien de 1520, (précisément la date de notre inventaire), tirant ses drogues et ses instruments d'une bourse, ou plutôt d'une sacoche, pour employer l'expression de M. Durand, ressemblant singulièrement à celle des garçons de recette des banques d'aujourd'hui.

blanc en baptiste plissée ou en dentelle ; 4° d'un bonnet noir, avec dessus rouge groseille, tour noir plié en double, trois torsades d'or reliant un bouton d'or au sommet et un autre de même au milieu du tour. — Le maître apothicaire faisant dans sa boutique la leçon à son apprenti (fig. extraite de l'*Ortus sanitatis*. Paris, Vérard, vers 1499), et reproduite dans Gran.p. 26), porte une sorte de calotte et une robe assez semblable à celle de nos magistrats actuels, sauf un grand col rabattu.

(1) Voir le dessin d'un pileur, p. 49.

(2) Armoiries dans la chapelle N. D. de Bethléem à Avignon (Gran. fig. 36).

(3) Gay.V° Boites d'apothicaires, barbiers et chirurgiens.

Chirurgien d'après une gravure allemande

On remarquera que, dans ce dessin, se retrouvent la plupart des détails du costume des personnages des stalles de Notre-Dame d'Amiens et spécialement de l'apothicaire et du pileur.

Le lecteur, nous l'espérons du moins, voudra pardonner les détails, parfois bien minutieux, dont fourmille ce travail, en songeant que chacun de nous apporte dans ses études ses aptitudes et surtout sa tournure d'esprit particulières. Et puis, si l'histoire générale revendique les héros et les grands événements politiques, la monographie doit, avant tout, s'attacher aux simples citoyens, à leur vie sociale et aux questions d'économie domestique qui, elles aussi, ont leur importance.

A la faveur de cette observation, qui d'ailleurs n'est pas nôtre, nous pouvons aborder l'inventaire de Jehan de Louvegny, objet principal de nos recherches.

CHAPITRE VIII

Inventaire dressé au décès de Jehan de Louvegny, les 13, 14 et 17 août 1520.

A. — Observations générales sur les vieux inventaires a Amiens

Lorsque, fort affaibli déjà par la maladie, mon ami G. Boudon me remit, en vue de ce travail, la copie de l'inventaire de J. de Louvegny, je lui demandai pourquoi et comment cette pièce avait été déposée dans nos archives communales.

A notre intention, il rédigea la note suivante, qui est peut-être la dernière sortie de sa plume savante et féconde, et que dès lors un pieux devoir nous oblige de reproduire ici intégralement :

« L'échevinage avait, dès l'origine, des attri-
« butions judiciaires, comme le prouve la note
« de mai 1280 que nous avons retrouvée et qui
« concerne un acte de donation : « Fremin le Roux,
« warde, le premier, et Williaume Rabuissons,
« l'autre », mention que porte l'exemplaire de la
« reconnaissance du droit de pâturage, au profit
« de l'Hôtel-Dieu d'Amiens, dans les marais de
« Querrieu.

« Les échevins remplissaient alors les fonctions
« de notaires ; ils assistaient aussi le bailli
« comme *auditeurs ad ce oir*, (1) dans la reddi-
« tion de certains jugements, tant civils que cri-
« minels. Ils tenaient ces fonctions du scabinat le
« plus étendu qu'ils possédaient aux débuts de la
« révolution communale (2).

« Comme ils jouissaient d'une partie de la
« ville et que Philippe-Auguste leur céda la pré-
« vôté royale sur la partie provenant des comtes
« d'Amiens, cédée par Philippe d'Alsace, ils rece-
« vaient, par leurs sergents à masses, certains
« actes, notamment les inventaires (3). De là pro-
« viennent ces collections si précieuses que l'on
« retrouve dans les archives de la ville ».

B. Observations particulières sur l'Inventaire de J. de Louvegny

Les services multiples que les vieux inventaires
peuvent rendre aux historiens, aux économistes
et aux philologues ont été trop bien mis en lumière par M. Eug. Drot, au seuil de ce travail, (4)
pour qu'il faille les rappeler ici.

Plus particulièrement, au sujet des inventaires

(1) V. p. 82 et n° 405 — *Oir* est ici pour ouïr, entendre.
(2) Scabinat est la première forme d'échevinage. V. Chér.
v° Echevin, et Dézobry, Dict. biog. et hist., v° Scabins.
— Scabin se trouve encore dans Rabelais pour échevin.
(3) V. note 2, sous l'intitulé de l'inventaire, p. 101.
(4) V. chap. 1er, p. 2

d'apothicaires, l'Intermédiaire des chercheurs et des curieux s'exprime ainsi : « Ils ne ne sont pas « rares ; mais, si peu qu'ils soient anciens, ils « sont d'une lecture bien difficile. Il n'en est pas « trace dans les catalogues de manuscrits de « Paris ni de la Province ; ces documents ne pour- « raient se trouver que dans les archives de « notaires » (1).

Au chapitre précédent, p. 82, nous avons montré que les plus anciennes minutes de ces officiers ministériels à Amiens portent toutes une date postérieure à l'année 1546.

Ce n'est donc pas dans une étude de notaire que M. G. Boudon devait trouver l'inventaire de Jehan de Louvegny. Mais, il y a quinze ans environ, en sa qualité de membre de la commission des archives communales, il put en prendre copie, ainsi que de plusieurs autres inventaires contemporains (2), dans les dites archives, où ils avaient été déposés par les sergents à masse, fonctionnaires

(1) Interm. n° 30 juill. 1903.
(2) Notamment ceux de : 1506, Guérard Pierre, fromagier — id, Jacques Langlet, procureur — 1509, Jean Cappelier, marchand — 1511, V° Lambelu, taverne — id. St Antoine, hôtellerie — 1512, Adrien Treuet, hostellain — 1514, Jehan Le Mire, meunier — id, F° Méry, mercière — id. Jean Rimache, drappier — 1515, Pierre de Francqueville, boulanger — id. Colas Houssel, marchand — 1516, Nicolas Guillot, espinglier — id. Simon Greuet, prêtre — 1517, Sire Pierre Gigault, prestre — id. Adrien de Zélande, cultivateur — id Mgr Nicolas de la Cousture, évêque

municipanx, dans les conditions exposées par lui, dans sa note des pages 97 et 98 (1).

Dans ces derniers temps, les archives qui encombraient les greniers de l'hôtel-de-ville, ont été déposées dans le nouveau pavillon de la bibliothèque communale, dû à la générosité de M. Aug. Janvier ; mais, à défaut d'un dépouillement complètement fait à ce jour, elles ne sont pas encore mises à la disposition du public.

A ce point de vue, la présente étude, en tant que portant sur une vieille apothicairerie amiénoise, a, au moins, le mérite d'être absolument inédite (2).

Si les manuscrits du moyen-âge sont admirablement calligraphiés, en revanche ceux de l'épo-

d'Ebron — 1518, Jacques Desmarest, couvreur de tuilles — id. Jaques Ledien, esperonnier — id. Anthoine Lucas, brasseur — id. F^e Vignon, peletière — id. Jean Lemaire, remouleur — 1519, Fremin Buteux, chaudronnier — id. Enguerran Harecque, saiteur — 1520, Guillaume de Couyn, charpentier, tous contemporains de J. de Louvegny et dont les inventaires nous ont souvent servi à éclairer le sien.

(1) *Adde :* notes (2) p. 101 et (2) p. 102 au bas de l'intitulé de l'inventaire.

(2) Cf. 1° Vente d'une pharmacie à Avignon, du 22 mars 1453, où les drogues et le *maynage*, mobilier, sont prisés en florins et sous (Gran. p. 43 et ss.) — 2° le tarif de la gabelle indiquant le prix d'entrée des marchandises d'épicerie et de droguerie à Avignon en 1582. (Id. p. 61 et ss.) — 3° Invent. après décès de Jean Ducrot, apothicaire à Auxerre, du 6 mars 1559. (Bull. Yonne, p. 150 et ss) — 4° Inventaire après décès de Pierre Disson, apothicaire à Auxerre, du 20 mars 1694, id. p. 251 et ss).

que de la Renaissance, sont généralement d'une lecture bien difficile. Cette observation s'applique d'autant mieux à notre inventaire de 1520, qu'il contient un nombre considérable de termes techniques, dont l'orthographe n'était point encore fixée. Ajoutons que le fonctionnaire municipal, tenant la plume sous la dictée des apothicaires jurés, ne devait pas être très lettré et qu'il écrivait fort mal ; son manuscrit ne lui fait pas d'honneur.

Un pareil grimoire ne pouvait être mieux déchiffré que par M. G. Boudon, si versé et si compétent dans tout ce qui concerne les questions sociales, économiques et hospitalières concernant notre ville, aux xve et xvie siècles.

C. Intitulé de l'Inventaire

« **Inventaire** faicte (1) en la ville d'Amiens, le
« xiij^e jour d'aoust l'an mil v^e et vingt et les jours
« enssuyvans par moy Antoine Langlés sergent à
« mache de la dicte ville (2) des biens mœubles

(1) En picard, les genres sont souvent différents de ceux du français. Ainsi sont du féminin : cimetière, inventaire, poison, ongle, etc., et, au contraire, du masculin : cravate, dent, fourmi, règle, tombe, loutre, guêpe, etc.

(2) « Les *huit sergents (à masse) en la mairie et esche-*
« *vinage* ont, chacun an, trois aulnes d'Amiens de drap qui
« est demie-robbe, et en deniers, chacun un escu, quarante
« cinq sols, sur la recepte du domaine. Ces huissiers d'a-
« lors touchaient « pour la journée entière qu'ils beson-
« gnent aux inventaires de biens des deffuncts ou à la
« vente d'iceux, douze solz, et pour une demie journée,

« demourez après le trespas de deffunct Jehan de
« Louvegny, en son vivant appoticaire, treuvez (1)
« en une maison, lieu et ténement séant à Amiens,
« en la rue des Orfèvres en la quelle le dict def-
« funct est terminé vie par mort. Et ce, à la re-
« queste de Jehan Lorfèvre, mercier et Jehenne
« de Bourdon, vefve d'icelluy deffunct, exécuteurs
« du testament faict en dernière volunté par
« icelluy deffunct ; appelé à ce faire Jacques Obry
« et Jehan Bosquet appoticaires et Pierre Creppel,
« priseur juré et sermenté de la dite ville, (2) de
« la quelle inventaire, ensemble de la prisée
« d'iceulx biens la déclaration ensuit ».

« six sols. » (Liv. noir. p. 104 à 107). — La ville avait,
parmi les sergents à masse, (masse, bâton de cérémonie,
à tête d'or ou d'argent), les *sergents aux quennes* qui dé-
pendaient du *compteur, faiscur de présents* offerts aux
grands personnages de passage à Amiens. — Sur *quenne,
kane*, V. n° 312.

(1) *Treuvéz*, pour trouvés, vieille forme conservée encore
en Picardie. Cf. *treuve* pour trouve, notamment dans
La Fontaine : Le gland et la citrouille. (L IX, f. IV).

(2) « Les trois *priseurs jurés* sont institués pour la pri-
« sée des biens meubles des décédez aux inventaires qui
« s'en font par les sergents à masse ; leur salaire est le
« même que celui des sergents ». (Liv. noir, p. 107). —
A l'inverse des sergents, les priseurs n'étaient pas exempts
de porte, guet et réveil (Liv. noir, p. 77.)

CHAPITRE IX

Inventaire des drogues

—

(N°s 1 à 288 inclus)

Nota :

*Les colonnes n'existent pas dans la minute. Dans la première, nous avons mis un n° d'ordre facilitant les recherches, et dans la seconde, une astérisque * indiquant les drogues encore en usage aujourd'hui. — Le nom scientifique des plantes et l'L., abréviation du mot Linnée, qui les suit, sont en caractère italique.*

Et primes

Trouvé en l'ouvroir de devant de lad. maison ce qui s'enssuiet :

1 Item une livre de mommye en masse en une boiette de bos prisée.   x s.   —

(1) Momie d'Egypte ou mumie en fragments. (P. P. p. 2 et N. L. p. 339 et 1032). — Liqueur de mumie : « Bon vul-« néraire » (Charr. p. 601). — Sur les boiettes, V, p, 37 et n° 298 inv. — « La livre-poids d'Amiens égale 489 gr. 506 : « la livre vaut 16 onces et l'once 3 décig. 06 ; un gros pe-« sait 3 gr. 824 ; un grain 5 centig. 312. » (Gaud. p. 25 et ss.). — « La livre tournois, monnaie, se divisait en « 20 sous tournois et le sou en 12 deniers ; le denier en « 2 oboles et l'obole en 2 pites. » (Id. p. 29). — Pour les mesures de capacité, V. n° 340. — Sur *prisé*, estimé, V. God. V° **Prisage** et ss. — Sur les poids médicaux, V. n° 34.

2 *	Item deux autres livres de alung de plume en boiette pr.	viii s.	—
3	It une livre de semence de pignon estant en une boiette pr.	iii s.	—
4 *	It. quatre livres de litarge d'or en une boiette pr.	ii s.	—
5 *	It. une demye livre de sandragon moien en boiette pr.	iiii s.	—
6	It. trois livres de terge d'argent en boiette pr.		— xv d.
7	It. onche et demye de opoponart en boiette pr.	iiii s.	vi d.

(2) Alun de plume, c'est-à-dire raffiné par opposition à l'alun de roche ; bon scarotique. V. n°s 81 et 82 et aussi amiante (P.P. p. 80, M. rust. t. I, p. 851 et Gay. V° alun).

(3) Pignons doux ou graines de pin pignon entrant dans la composition du *looch de pino* de Mesué (N. L. p. 309 et P. P. p. 226). V. n° 117.

(4) Litharge d'or : Protoxyde de plomb dont la couleur « rappelle celle de l'or. Celle de Dantzig est réputée pour « les emplâtres et onguents » (P. P. p. 47).

(5) Sang-dragon, résine sèche, rouge sang, quand elle est pulvérisée, provient du *Calamus draco*, L. (P. P. 259 ; Charr. p. 198). Usité dans les pertes de sang.

Les noms scientifiques des plantes nous ont été fournis par M. V. Brandicourt, membre de la Société des Antiquaires de Picardie et de la Société Linnéenne, à qui nous renouvelons ici l'expression de toute notre gratitude.

(6) (Li) terge, litairge, litharge d'argent. V. n° 245.

(7) Opoponax ou oppoponax, suc gommeux de l'*Oppoponax pastinaca*, L. « Entre dans la composition de l'em- « plâtre divin, détersif, mondifiant, résolutif. » (P.P. p.258 ; M. rust. t. II, p. 401 et Charr. p. 217).

8 * It. une livre de collequintes en boiette pr.	xx s.	—
9 * It. une livre de capveneres en boiette pr.		—xviii d.
10 It. une livre verny aclere en boiette pr.	iii s.	— —
11 * It. une livre de sar alomoniac en boiette pr.	xx s.	—
12 It. une onche de fiente de lézarde en boiette pr.		— xii d.
13 It. une livre de rasure d'yvire en boiette pr.	ii s.	vi d.

(8) Coloquintes, concombre amer du *Cucumis colocynthis, L.*, de la famille des cucurbitacées : melons, citrouilles, etc. Les confiseurs en faisaient des dragées à surprises. « Leur extrait fait sortir les sérosités des parties « les plus éloignées du corps » (Charr. p. 562 ; P.P.p. 224).

(9) Capillaire : *Cap* (*illi*) *Veneris*, cheveux de Vénus. V. P. P. p. 148 et n° 98.

(10) *Verny*, vernis, signifiait gomme résine, et *clère*, dans Ducange, glaire d'œufs. Or, d'après Larousse, les glaires, secrétions des muqueuses, étaient traitées à l'extérieur notamment par la myrrhe et les substances aromatiques. Donc *verny à clère* signifie : résine employée, en poudre ou en fumigations, contre les glaires.

(11) Sel armoniac, ammoniac. V. P. P. V° Chameau. p. 27.

(12) Excréments de lézards, probablement pour cataplasmes, comme les crottes de chien (N. L. p. 115). — En Picardie, on *blasse* (frotte) encore le pis des vaches avec du *chotier* (purin) pour provoquer la venue du lait. (Héren, p. 16).

(13) Rapure d'ivoire. « Fort usitée pour faire les tisa-« nes astringentes ». (N. L. p. 45 et P.P. p. 25). Cf. n° 31.

14   It. deux livres de semence de
      pané en boiettes pr.   II s. VI d.

15   It. deux livres de mirretire
      en boiette pr.   III s.   —

16 * It. III quarterons de semeuces
      de cartamet en boiette pr.   — XII d.

17 * It. III liv. et demye de aloys
      citrotin en boiette pr.   XLII s.   —

18   It. ung quarteron de cèdre
      blanc et rouge en boiette pr.   III s.   —

19 * It. III quarterons galbaniron
      en boiette pr.   III s.   —

(14) Semence de panais, du grec *pan.* tout, et *acos*, re-
mede, *Pastinaca sativa*, *L.*, de la famille des ombellifères.
Le panais ou panet était préconisé par l'école de Salerne :

Confortat coitum, non est ad menstrua muta.

(15) Baies de myrtille, *Vaccinium myrtillus*, *L.*, de la
famille des vacciniées, (en picard : *raisins de renard*), s'em-
ploient pour resserrer (P. P. p. 26 et Charr. p. 472).

(16) Grains de carthame, *Carthamus tinctorius*, *L.*, de la
famille des composées cynarocéphales. Bien que nous
ayant été indiqué comme étant encore en usage, le carthame ne se trouve dans Pomet, Lémery et Charras que
sous le nom populaire de *safran batard*. (P. P. p. 179).

(17) Aloès soccotrin, socrotin, cicotrin dans l'inv. de
Metz, (*oy*, en picard, se prononce *oé*. — « Purgatif,
« dont le meilleur vient de Soccotra » P. P.) — Socotora,
produit encore un aloès très renommé. V. note p. 6.

(18) Cèdre blanc, *Larix cedrus*, *L.*, de la famille des
conifères. — Cèdre rouge ou de Virginie : *Juniperus vir-
giniana*, *L.*, usage inconnu en pharmacie.

(19) Galbanum (Résine du), « Le Galbanum entre dans
beaucoup d'emplâtres » (P. P. p. 255 et Charr. p. 223).

20 *	It. un quarteron et demy de canfre en boiette pr.	L s.	—
21 *	It une livre et un quart de mirre en boiette pr.	x s.	—
22 *	It. 2 liv. et demye de rozes de Prouvains en boiette pr.	x s.	—
23	It. quarteron et demy de lynon annoy en boiette pr.	iii s.	—
24	It. ii liv. iii quarterons de spode en boiette pr.	viii s.	—
25 *	It. une livre de mastices en boiette pr.	xxii s.	—

(20) Camphre, *Laurus camphora, L.*, (P. P. p. 246 et Charr. p. 537). — Les anciens le croyaient froid et anti-aphrodisiaque ; d'où ce vers passé en proverbe :

Camphora per nares castrat odore mares.

(21) Gomme résine du *Balsamodendron myrrha, L.*, pour plaies et embaumements. (P.P.p. 352 et Charr. p. 216).

(22) Roses de Provins conservées, *Rosa rubra, L.* « Employées pour la fluxion de poitrine et la toux, rendent l'haleine bonne ; l'eau rose combat les maladies des « yeux » (P. P. p. 174 ; Charr. p. 111). V. n° 130.

(23) *Lignum aloes* (? bois d'aloés, trés aromatique (P.P. p. 103 et 104). — Sans emploi actuel en pharmacie.

(24) Spode, *Spodium*, os d'éléphant brulé, qu'il ne faut pas confondre avec le spode des Grecs ou tutie d'Alexandrie, minéral. « On fait de l'os brulé des électuaires tres « astringents » (P. P. p. 26 et Charr. p. 259). V. n° 31.

(25) Mastic, résine du *Terebinthus lentiscus, L.*, de la famille des térébinthacées. « Plante masticaire, c'est-à-dire « provoquant les crachats ». (N. L. p. 86 et Charr. p. 541.

26 * It. ɪɪɪɪ livres de yris de Flo-
    rence en boiette pr.   x s.   —

27   It. deux onches de storac ca-
    lamit en boiette pr.   ɪɪ s.   vɪ d.

28 * It. une livre et demye stafi-
    zaire en boiette pr.   ɪɪɪɪ s.   vɪ d.

29 * It. une demye livre mou-
    ches cantarides en boiette pr.   v s.   —

30 * It. quatre onches de spic certy
    en boiette pr.   xvɪɪɪ d.

31 * It. xɪɪ os de cueur de cerf en
    boiette pr.   ɪɪ s.   —

(26) Racines de l'*Iris florentina, L.*, de la famille des iri-
sées, ou *flambe* ou *glayeul.* « Entrent dans l'emplâtre de
« Diachilon — Employées surtout en parfumerie, confiserie
« et teinture ». (P. P. p 63).

(27) Storax et styrac calamite, baume tiré du *Styrax officinalis, L.*, de la famille des styracées. « L'estorat calmite,
« dès 1316, servait dans les embaumements ». (Gay, V° Estorat). — Sans emploi dans la pharmacopée moderne.

(28) Semence de staphisaigre, *Delphinium staphisagria, L.*,
dite *herbe aux pour*, de la famille des scrofulariées. « Fait
« mourir la vermine des petits enfants ». (P. P. p. 28).

(29) Cantharides, vésicant, *Lytta vesicatoria.* « Vendues
« pour l'usage externe et sur ordonnances ; les tenir sè-
« ches, sinon, au bout de deux ou trois ans, elles se man-
« gent elles-mêmes et tombent en poussière. (P. P. p. 46).

(30) Spic ou nard celtique, racine du *Valeriana celti-
qua, L.*, valerianée, entre dans la thériaque. — (P.P. p. 186).

(31) V. nᵒˢ 24 et Charr. p. 230. — Cf. Charr. p. 609 et note
p. 5 sur les cornes de cerf ; « bon cordiaque » (P.P. p. 35).

32 * It. iiii onches et demye scam-
    monée en masque pr.   XXI s.   —

33 * It. une onche et demye de
    ruebarbe en boiette pr.   XXV s.   —

34 * It. demye drame de mucq en
    boiette pr.   XXV s.   —

35   It. demy quarteron de zélo-
    balsamy en boiette pr.   III s.   —

36 * It. demye onche de feuilles
    d'hyanthe en boiette pr.   II s.   —

(32) Suc épaissi ou résine de scammonée venant d'Alep, en masses (*masques*) contenues dans des sacs.. « La scam- « monée, appelée avec juste raison un des piliers de la « médecine, purge les humeurs bilieuses et pituiteuses ». (P. P. p. 292 et Charr. p. 565) — V. n° 152.

(33) Rhubarbe, *Rheum. L.*, polygonée « Remède excel- « lent, anodin, sert à tous et à tout ». (P. P. p. 50). — Sa racine est encore employée comme purgatif.— V. note p. 6.

(34) Musc, produit odorant du chevrotin, *Moschus mus- chiferus, L.* « Les parfums ne sont plus si en règne, écrit « à son sujet, P.P. p. 15, en 1694 » Charras n'en parle pas.

— *Drame*, mauvaise orthographe du mot *drachme*. Comme le lecteur trouvera, au chapitre XII, la série com- plète des poids médicaux anciens, signalons seulement ici que le drachme, poids grec, était de 3 grammes, 24 centig. (Larousse) et le drachme médical de 4 grammes (Ror. p. 94).

(35) Xyobalsamum, rameaux brisés du laurier de la Mecque. « Le bois de baume entre dans les trochisques « d'Hedyoroüm ». (P. P. p. 276 ; Charr. p. 222).

(36) Hya[ci]nthe, jacinthe ; deux sortes : *Scilla italica* et *Hyac. orientalis, L.*, de la famille des liliacées. — Mêmes préparations et vertus que le lis. Cf. n° 163.

37   It. deux livres de pierres
précieuses en boiette pr.   xii s.   —

38 * It. deux livres iii quarterons
de surmontain en boiette pr.   vi s.   --

39 * It. des cinq mirobolans cinq
quarterons en boiette pr.   vii s. vi d.

(37) L'inventaire de Metz donne sous les n°s 2 à 14 l'énumération suivante : ambre gris, perles, saphirs, grenats, hyacinthes, diamants, émeraudes, rubis, corail rouge, corail blanc, hématite, lapis-lazuli, marcassite. D'après les vieux auteurs relevés par Frank. p. 139 et Monteil, p. 159 et ss., les vertus de ces pierres étaient certaines Notamment : les perles sont cordiales et réjouissent le cœur ; le saphir fait l'homme à Dieu dévôt et pur et guérit les ulcères des intestins ; le grenat émeut le sang et provoque la colère ; l'hyacinthe fait aller pelerin seurement et aussi faict doulcement dormir ; le diamant est pierre d'amour et reconciliation ; l'émeraude restreint les jolis mouvements de luxure et étanche le sang ; le rubis, grandement cordial résiste à toute pourriture et venin ; le corail fait pacifier les tempêtes et, estant beu supprime la perte de semence qui arrive aux hommes : le lapis-lazuli guérit mélancholie et fièvre quarte. —(V chap. XIII.V° Pierres précieuses, note).

(38) Sermontain ou séseli de Marseille, sorte de fenouil. « Propriétés approchant de celles du persil ». (P. P. p. 5).

(39) *Pilulæ de quinque generibus myrobalanorum* de Nicolaus ; myrobolans, bolans myrepsiques dans Rab. ; du grec *muron*, parfum et *balanos*, fruit ; — Voir dans P. P. p. 221 et ss. les dessins des 5 mirobolans : « Les citrins » purgent la bile ; les indiens et les belleris purgent la mé- « lancholie ; les chépules et les emblis purgent la pituite ». Ce mot myrobolan devenu un adjectif signifiant, dans le langage populaire : merveilleux, émerveillant, ne figure pas encore dans le dictionnaire comique de Le Roux de 1735.

40 * It. deux livres de tournesot
en boiette pr.   x s.   —

41 * It. demye livre de lapdanon
en boiette pr.   ii s. vi d.

42 * It. demye livre de castor en
boiette pr.   xii s.   —

43   It. iiii liv. et demye de pierre
calamite en boiette pr.   iii s. vi d.

44 * It. ung pain de vert de gris
pesant vii liv. pr.   xlii s.   —

(40) Tournesol pour colorer en bleu les liqueurs aqueuses (P.P. p. 35). — Sur l'orseille colorant en rouge (id. p. 157). — Sur la gaude, *waide*, en picard, jaune (id. p. 155).

(41) Lapdanum, ladanum, espèce de gomme résine exsudant des feuilles et des rameaux de plusieurs espèces de plantes du genre *Cistus*. (Dict. Lar. et Littré). — V. n° 210.

(42) Castoreum, produit antispasmodique, tiré du castor (P. P. p. 19 et Charr. p. 218). — « On en fait une huile « qu'il ne faut pas confondre avec l'huile de ricin, qu'on « nomme parfois huile de castor ». (Dorv. offic.).

(43) Pierre d'aimant, oxyde de fer magnétique, de *calamus*, roseau, parce qu'on la mettait sur l'eau, dans un roseau, pour la faire flotter en guise de boussole. (P. P. p. 60). « Levant le grand artemon et à droite calamite de bous- « sole ». (Rab. Pantag. V. 17). — Ici l'adjonction du mot pierre à celui de calamite, ne permet pas de confusion avec la gomme résine, sorte inférieure de storax qu'on recueille dans les tiges de roseau : « Térébentine, styrax, calamite, « oliban, benjoin ». (Paré, xxiv, 21).

(44) Vert de gris, sous-carbonate de cuivre, « vénéneux, « il mange les chairs, entre dans l'emplâtre divin et est « employé par les peintres ». P.P. p. 32 et Charr. p. 755).

45	It. ung quarteron mandra- goire en boiette pr.		—xviii d.
46	* It. ung quarteron de graine d'escarlate en boiette pr.		ii s. vi d.
47	* It. semence de sumarc, (*le prix est resté en blanc*).		— —
48	* It iii onches de garingua en boiette pr.		iii s. —
49	It. demye livre de casselyne en boiette pr.		ii s, vi d.

(45) Ecorce de la racine de mandragore, *Atropa mandragora, L* , de la famille des solanées comme la pomme de terre. « Entre dans quelques compositions galéniques ». (P. P. p. 134). — Anesthésique très employé du temps d'Albert le Grand. On attribuait à sa racine des vertus magiques, parce que, dit-on, elle a quelque ressemblance avec la figure humaine. (M. rust. t. II, p. 62.

(46) Graine d'écarlate ou kermès, sert à faire les confections Alkermès (N. L. p. 7ʊ4 ; P. P. p. 36 à 38).

(47) Graines de sumac, *Rhus coriaria, L.*, de la famille des térébinthacées, « bonnes pour les cours de ventre et employées en teinture » (P. P. p. 156). V. n° 219 *in fine*.

(48) D'après Duc. et Gay, garingal (ici garingua) est synonyme de galanga. On lit dans Littré à ce dernier mot : « genre de plantes, *maranta*, de la famille des amomées, qui « croissent dans les Indes, et dont la racine est un stimulant « aujourd'hui peu usité ». — « Le grand galanga sert à la « fabrication du vinaigre ». (P. P. p. 64).

(49) *Cassia lignea. L.*, de Ceylan, de la famille des légumineuses ; sorte de canelle entrant dans la composition de la thériaque (P.P. p. 129 ; Charr. p. 224).

50 It. demye livre de saracolle
en boiette pr.   v s.   —
51 * It. III quarterons de argaric
en boiette pr.   VII s. VI d.
52 * It. une livre de surliné en
boiette pr.   XIIII s.   —
53 * It. demye livre de gomme
élemy en boiette pr.   III s.   —
54 It. demye livre et demy quar-
teron bedelein en boiette pr.   v s.   —
55 * It. trois quarterons armoniac
en une boiette pr.   IX s.   —

(50) Sarcocolle, (du grec *sarx*, chair et *colla*, colle), résine du *Paenea mucronata*, *L.* « Gomme collant les chairs »,
(P. P. p. 267 ; Charr. p. 541). — Inusitée maintenant.

(51) Agaric, champignon. « Celui du mélèze purge le
« cerveau, et sert à teindre en noir ». (P. P. p. 262 ; Charr.
p. 121 et 287, et surtout M. rust. II, p. 353). V. n° 147.

(52) Sublimé corrosif, bichlorure de mercure « Poison
« pour l'usage externe » (P.P. p.18 ; Charr.p. 797). — « Est
« sublimé dangereux à toucher ». (Villon). — En 1669, on
brûlait à Amiens, en temps de peste, des parfums en pâte,
composés d'arsenic, d'antimoine, de sublimé, de cinabre et
d'opium V. n° 58 et 232.

(53) Résine élémi ; élémi oriental et él. batard ou d'A-
mérique. « Entre dans le baume d'Arceüs ». (P. P. p. 262).

(54) Bdellium, résine du Levant et des Indes Orientales,
(Littré). Voir dans P. P. p. 130 ses différences avec d'autres gommes. — Il en est fait mention dans la Genése,
chap. II, ainsi que de l'or et de la pierre d'onyx.

(55) Probablement gomme ammoniaque (P. P p. 258).

56	lt. deux onches de gomye-dere en boiette pr.	— xv d.
57 *	lt. une livre trois quars de go-maraby en boiette pr.	iiii s. —
58 *	lt. trois quarterons de ca-lamis en boiette pr.	iii s. vi d.
59 *	lt. une demye onche et demi quarteron gomme adragant en boiette pr.	ii s. vi d.
60	lt. une livre de pilestre de Alexandre en boiette pr,	iii s. —
61 *	lt. vi liv. de sené verd en deux sacqz de toile pr.	xxiiii s. —

(56) Gomme du lierre, *Hedera helix*, *L.*, fam. des héré-dacées. « Cette gomme des pays chauds fait tomber le poil « et guérit les plaies ». (P. P. p. 264). V. nᵘ 199.

(57) Gomme arabique, *Gummi acaciae*, *Gummi arabi-cum*. Dans Duc. *arabi* : arabe ; d'où *gomarabi*. — Dans le picard moderne, gomme est du masculin. — « Adoucit « l'âpreté de la toux ». (P. P. p. 241 ; Baumé, p. 26).

(58) Roseau aromatique, *Calamus aromaticus*, *L.*, de la famille des cypéracées. « Le calamis ou acore vray entre « dans la thériaque (P. P. p. 91) et dans un grand nombre « de trochisques odorants ». (Charr. p. 276). V. nᵒˢ 52 et 232.

(59) Gomme Adragante, *Gummi tragacantha*. — « Son « emploi est très rare en pharmacie » (N. L. p. 137).

(60) Opiat *Aurea Alexandrina* de Nicolas « pour les « fluxions froides du cerveau, le délire, la peste, le venin ». (N. L. p. 683). — *Pilestre* signifie-t-il matière pilée (???)

(61) Sené vert ou de Tripoli, *Cassia* : purgatif (N. L. p 70 ; Charr. p. 122). — A supplanté la gratiole, v. nᵒ 251.

62 * It. ung boisseau fénugre pr.　　iiii s.　　—

63 * It. vii liv. de coccyn en ung
　　sacq de toile pr.　　　　　　vii s.　　—

64　It. vi liv. de creses rouge en
　　ung sacq pr.　　　　　　　iii s.　　—

Du xiiii *aoust on dict an* (*a*).

Primes, trouvé on dit ouvroir (*b*).

65 * deux onches de tuthie en
　　boiette pr.　　　　　　　　　— xii d.

(62) Semence de fénugrec, sénegré, sénegrain, *Trigonella
fenum græcum*, *L*., légumineuse, très amère, d'où son nom
vulgaire de *fiel de terre*; employée en cataplasmes et décoc-
tions. (P. P. p. 21), en boissons (M. rust. II, p. 362).

(63) S'agit-il ici de la matière animale provenant de la
cochenille. Cela paraît peu probable, en raison de la
grande quantité relevée dans l'inventaire. Peut-être faut-il
lire *couyn*, fruit du cognassier, dont, de nos jours encore, on
fait des confitures légèrement astringentes. V. n°s 96 et 268.

(64) *Créses* ou *cresses*, forme picarde de *graisse*. On
préparait alors des graisses d'autruche, de blaireau, d'ours,
de vautour, de renard, de vipère..., et même d'homme.
Les sacs destinés à les contenir n'étaient pas en toile, mais
en peau de veau très probablement. Cf. dans un inv. d'Avignon, en 1453, « Sept grans sacs de cuir ». (Gran. p. 50).
— Aujourd'hui encore si les couleurs fines des peintres
sont dans des tubes d'étain, celles plus communes pour
les peintres en décors de théâtre sont dans des vessies.

(*a*) *On*, pour *au*, forme courante dans Rabelais.

(*b*) Sur l'ouvroir, (boutique sur la rue). V. p. 37 et ss.

(65) Tutie, onguent d'oxyde de zinc mêlé à des oxydes
de fer de plomb, etc., base de l'onguent pompholix pour
les ulcères. (N. L. p. 1006). — La « tuthie préparée » est
celle porphyrisée, lavée et mise en trochisques ; on l'emploie
comme cathérétique (caustique faible) dans les opthtalmies.

66	Item une onche carable pr.		— xii d.
67	It. demye livre demi quarte- ron de cristal pr.	vi s.	—
68	It. demye livre de pierre d'a- zur pr.	viii s.	—
69	It. trois quarterons de millii solis pr.		— xii d.
70	It. quarteron et demy de se- mence de cresson nolain pr.		— vi d.

(66) Carabe, coléoptère, épispastique, vésicant d'après Littré. Dès lors carabe, ne serait-il pas une déformation de scarabée, nom générique d'insectes dont les ailes sont recouvertes d'étuis cornés, comme sont les cantharides vésicantes. Toujours est-il que *carabe* ne se trouve dans aucune des pharmacopées que nous avons consultées.

(67) Cristal de roche, quartz ou silice pure. « Broyé, est « propre à exciter le lait des nourrices » (N. L. p. 132).

(68) Lapis-lazuli, lazulite, pour pilules de Mesué. « Cor-« dial, résiste aux venins ; entre dans les confections al-« kermès ». (N. L. p. 120). *Adde*, n° 37. — Le lapis était employé en peinture, avant la découverte de l'outremer artificiel tiré, en 1814, des résidus des fours à soude. Le prix du bleu tomba de 4000 f. à 8 f., au kilog. (Larousse).

(69) Semence de grémil, *herbe aux perles*, *Lithospermum officinale, L.*, borraginée. — « Ses infusions sont apéritives « et propres pour pousser les urines et le calcul, pour « exciter les mois et pour la néphrétique ». (M. rust. t. II, p. 364). — Etym. incertaine ; v. Littré, v° grémil.

(70) Cresson alénois, ou cresson des jardins, *Lepidium sativum, L.*, crucifère. « Excellent antiscorbutique ». (Char. p. 470). — Ne point le confondre avec le cresson d'eau « ou de fontaine, (*la santé du corps*) qu'on mange en salade, « en soupe ou sous les volailles rôties. » (M.rust.II,p.360).

71	It. demye livre de pressin massieryne pr.	— xii d.
72 *	It. demye livre de elebore noir pr.	— xii d.
73	It. demye livre de coctin cupain pr.	— vi d.
74	It. quarteron et demi de costis amari pr.	ii s. —

(71) Pressin doit être ici pour prassin, *Prassium album, L.*, marube blanc, dont les vertus étaient fort nombreuses (P. P. p. 161 et M. rust t. II, p. 368). — Mais *quid* massieryne ? Peut-être s'agit-il de prassin additionné de *massi, macis,* écorces de la noix muscade. (P.P.p. 202).

(72) Ellébore noir, *Helleborus niger, L.*, renonculacée, « n'est plus guère employée que dans la médecine vété- « rinaire, pour le farcin des chevaux ». (P. P. p. 70. — Cette plante chez les anciens était très usitée comme catharétique. (V. Littré, v° elléborisme) — « Théodore en purge « canocniquement Gargantua ». (Rab.t. I, p. 80) ; enfin elle guérissait la folie ; aussi le lièvre disait-il à la tortue :

Ma commère, il faut vous purger
Avec quatre grains d'ellébore.

(La Font. L. VI, Fab. 10).

(73) *Coctin cuprin*, (du latin *coctio*, cuisson, et *cuprum*, cuivre) ; airain brûlé, *aes ustum*, crocus, safran de cuivre, (P. P. p. 30, ou de Vénus, (Charras p. 755) : détersif. — « Clystère bénin pour déterger ». (Mol. Pourc. I, 75).

(74) Costus amer, appelé aussi *Costus indicus*, racine dure, unie, luisante, entrant dans la composition de la thériaque (P. P. p. 60 ; Charr. p. 213 ; « employée comme « aphrodisiaque et vermifuge ». (Littré, v° costus).V n°75.

75	It demye livre de costis dulcis pr.	III s.	—
76	It. une livre semence d'oseille pr.	—	xii d.
77	It. demi once de basme pr.	—	vi d.
78 *	It. demye livre de aristologe longue pr.	—	xii d.
79	It. demye livre un quarteron de terre sellée pr.	—	xv d.

(75) Costus doux, *Costus dulcis*, (P. P. p. 60). V. n° 74.

(76) Graine d'acétose, *Rumex acetosa, L.*, de la famille des polygonées. — « Jus d'oseille champestre et domestique. ». (A. Paré, XXIV, 22). — Le bouillon à l'oseille est rafraichissant et vient en aide aux purgatifs. — V. n° 116.

(77) *Basme*, bâme dans la Fontaine, baume. P. P. cite les basmes de copaü, de tolu, nouveau, de Judée, d'Amérique, de vanille, du Pérou, de mille-pertuis, etc. — *Adde* Charr. p. 327 et M. rust. t. II, p. 395 et ss. — Mais, dans le présent n° de l'inventaire, le mot baume n'étant suivi d'aucun autre nom, il ne peut être question ici d'un baume artificiel, médicament à odeur parfumée, de la nature de ceux précités, mais plutôt du *baume des jardins* du n° 183.

(78) Racine de l'*Aristolochia longa, L.*, fam des aristolochées. « Elles emportent les obstructions et sont purgati- « ves, bonnes pour les ulcères et la gangrène ». (P.P.p.80); « provoquent le crachat et l'urine ». (M. rust. II, p. 355). — « Sarazine (?) et aristoloche longue ». Paré, XXIII, 44). V. n° 235.

(79) Terre dite sigillée, scellée, bolaire ou sphragitide : argileuse, antiputride. Ex. : le bol d'Arménie du n° 233. (Charr. p. 627). — La terre sigillée était en petites boules aplaties, portant une empreinte indiquant Lemnos, son lieu d'origine. — Cf. les drogues des oculistes romains, p. 4.

80 * It. demye livre tromentic pr.   — xii d.

81 * It. deux onches de pierre
     d'entalle pr.   — xii d.

82 * It. une onche ental pr.   — xii d.

83   It. demi quarteron de car-
     damone pr.   — xii d.

84   It. demi quarteron semence
     de pion pr.   — vi d.

85 * It. quarteron et demy de jus
     de rigolisse pr.   ii s.   —

(80) Racines de tormentille, *Potentilla tormentilla* ou *Tormentilla erecta*, *L.* ; petite plante commune dans nos prairies. « Entrent dans les confections alexitaires comme « contrepoisons; sudorifiques ; elles sont aussi bonnes pour « la dissenterie ». (P.P. p. 79 ; Charr. p. 97 ; M. rust. II, p. 376). — D'après O. de Serres, le nom de la tormentille lui vient de ce qu'elle appaise le tourment des dents (??).

(81) Ancien nom de l'alun de plume ; voir n° 2 inv. et Littré, v° Entale ; mais ce mot ne figure ni dans Pomet ni dans Lémery ni dans Charras — V. n° suivant.

(82) De *Entalum*, alun, dans le langage hermétique.

(83) Fruits de la cardamome du Malabar, *Amomum car-damomum*, *L.*, (P.P. p. 40 et ss ; Charr. p, 97 et 216). — « Et cardemoine et noix muscades » (Duc). La cardamome n'a jamais été employée en pharmacie, mais, dans la grande cuisine du moyen-âge, mêlée au poivre.

(84) Semence de pivoine, *pionne* en picard ; mais, comme on appelle aussi *pion* l'étoupe de chanvre, la semence de pions pourrait bien être aussi le chènevis (??).

(85) Réglisse, (*ringolisse* et aussi *jus noir* en picard), suc provenant du *Glycyrrhiza glabra*, *L.*, famille des légumi-neuses. (P. P. p. 89). — V. n°ˢ 115, 208 et 211.

Vous plait-il un morceau de ce jus de réglisse ?

(MOLIÈRE, Tart. IV, 5).

86	It. deux livres, ung quarteron de gracia dei pr.	ii s. iii d.
87	It. x liv. I quarteron de diaculum rouge pr.	xv s. —
88 *	It. demie livre de diaculum blanc pr.	— xii d.
89	It. deux liv. I quarteron d'emplastre de medélo pr.	vi s. —
90 *	It. une livre et I quarteron de ceroneum pr.	viii s. —

(86) Emplâtre *Gratia Dei* de Nicolas (N. L. p. 1161; P.P. p. 157). « La gratiole, *Gratiola officinalis, L.*, de la famille « des scrofulariées, dite aussi *herbe au pauvre homme*, est « employée comme un purgatif pour les pauvres ». (Littré, v° gratiole). — V. n° 251, une bien juste réflexion de Pomet.

(87) Diachilon, emplâtre résolutif fait de jus de plantes, rouge, à base de litharge d'or « Amollit, résout, cicatrise ». (N. L. p. 1149; Charr. p. 384; Vallot, *passim*). V. n° 4.

(88) Diachilon simple ou blanc, à base de litharge d'argent; mêmes vertus. (N.L. p. 1148; Charr. p. 385; M. rust. t. II, p. 400). — V. n° 6.

(89) Emplâtre de mélilot de Mesué. « Ramollit, résout, « dissipe les vents ». (N. L. p.280 et 1155; Charr. p.395). — « Les feuilles et les fruits de cette plante entrent dans « des cataplasmes émollients avec la mauve et la guimauve », M. rust. t. II, p. 368). — « Huile de camomille et de mé « lilot ». (A. Paré, V. 12. — V. n° 263, les vertus magiques que nos pères attribuaient au mélilot à Amiens.

(90) Emplâtre de céroène du Codex, à base de cire et de safran. « pour les blessures et la goutte » (N. L. p. 1167). — A l'origine, ce topique devait être plus simple, à en juger par son étymologie grecque : *kéros*, cire et *oinos*, vin.

91	It. une demie liv.d'emplastre pro stomacho pr.	III s.	—
92	It. III onches de certum sandalinum pr.	— XII	d.
93	It. I livre I quarteron d'or gaultieri pr.	IIII s.	—
94	It.trois liv. de sirop d'angret faict au miel et au chucre pr.	VI s.	—
95	It. deux livres de cirop de pourcelaine pr.	VI s.	—

(91) Emplâtre pour l'estomac d'Antoine Minsicht « chasse « les vents, arrête les vomissements ». (N. L. p. 1201 ; Charras p. 391).

(92) Cérat des trois santaux, citrin, blanc et rouge, ou cérat santalin. « Pour le foie, les reins, l'estomac, etc ». (N. L. p. 1130 : Charr. p. 377).

(93) *Or* pour *Ol* (abrév. de *oleum*, huile), *Gaulthierie*. Littré. v° Gaulthérine, dit : « corps qui se trouve dans l'é- « corce de *Betula lenta, L.*, et ainsi nommé parce que, par « distillation, il devient identique à l'huile de *Gaultheria* « *procumbens, L*. — Etym : Gaulthier, médecin et botaniste « français du siècle dernier ». — Littré doit se tromper ; car 1° nous trouvons la gaulthérine ici dans un acte de 1520 ; 2° le sparadrap pour cantères, *vulgo* toile Gautier (N.L.Charr. p. 1156, Baumé, p. 785, ne contient pas de gaulthérine).

(94) Sirop de verjus *Sirupus de agresta*, « rafraichissant, « tempère la bile » (N. L. p. 246), — Le verjus est le suc acide tiré de raisins qui ne sont pas encore murs ; d'où le propos : « *jus vert* ou *verjus* », pour indiquer que l'on n'a point de préférence pour deux choses qui vous sont proposées. — Le verjus est un condiment (Boil. sat. III). — V. M. rust. t. II, p. 77, 851 et 893.

(95) Sirop de pourpier, *vulgo porcelaine, Portulaca oleracea, L.*, de la famille des portulacées. « Désaltère, tue les « vers ». (N. L. p. 263). — *Adde* n° 217.

96 * lt. deux livres et ı quarteron
    cirop de coing pr.   vı s. ıx d.

97 * lt. liv. et demye de cirop de
    rachine composé pr.   ıııı s vı d.

98 * lt. quatre livres cirop capilli
    veneri pr.   xıı s.   —

99   lt. ıı liv. demie sirop de
    buglose pr.   vıı s. vı d.

100 * lt. trois livres de cirop de
    julapes pr.   ıx s.   —

(96) Sirop de fruits du cognassier, rosacée. « Totes ma-
« nières de cooins confortent l'estomac et donnent ap-
« pétit de mangier ». Alebrant, fᵒ 53 (Littré). — « Astrin-
« gent, arrête le cours du ventre ». (N. L. p. 244).Ce remède
tout au plus bon pour les « phlegmatiques des fesses » dont
parle Rabelais, n'eut pas arrêté la *Cacque-sangue*, flux de
sang, ainsi nommé par les Lombards de *cacare sanguinem*.

(97) Sirop des cinq racines : Ache, fenouil, persil, as-
perge et petit-houx. « Son auteur est incertain..; bon pour
les obstructions du foie, etc ». (N. L. p. 258).

(98) Sirop de capillaire. *Adiantum Capillus Veneris, L.*
Vertus nombreuses spécialement pour le rhume. (N. L.
p. 186). Ce sirop était encore employé comme sirop d'a-
grément au commencement du xıxᵉ siècle. — V.nᵒˢ 9 et 129.

(99) Sirop de buglose, *Anchusa italica*, borraginée.
« Purifie le sang, récrée les esprits ». N. L. p. 171.

(100) Julep, calmant composé uniquement d'eau distillée
et de sirops. (N. L. p. 32, 34, 75 ; Charr. p. 81 et 122).
« Juleps et apozèmes rafraîchissants et apéritifs ». (Paré,
XX, 14). Cf. le Julep de M. Fleurant (Mal. imag. A. I. sc. I.),
« hépathique, soporifique et somnifere » et aussi le Médecin malgré lui (A. I. sc. VI) — Ne pas confondre le julep
avec le jalap, *Convolvulus officinalis, L.*, convolvulée, « bon
« purgatif » (P. P. p. 53).

101 * lt. livre demie cirop de bi-
sence pr.   IIII s. VI d.

102 * lt. I livre cirop d'armoise pr.   IIII s.   —

103 lt. liv. et demie cirop occi-
sacre comp. pr.   V s.   —

104 * lt. IIII livres cirop de fumeterre pr.   XV s.   —

105 lt. I livre cirop de livecq pr.   IIII s.   —

106 * lt. II livres cirop de ribes pr.   VI s.   —

(101) Sirop bizantin de Mesué ; figure dans l'officine Dorvault. « Hépathique. apéritif ». (N. L. p. 272).

(102) Armoise, *Artemisia vulgaris, L.*, composée ; Sirop de Fernel ; « excite les mois, abat les vapeurs, etc. . » (N.L. p. 190). « Son eau distillée, mêlée à quantité égale d'esprit « de vin et d'eau de frai de grenouilles, dessèche et guérit « toutes sortes de dartres ». (M. rust. t. II, p. 355.) V. n° 215). « Son sirop est emménagogue ». (Baumé, p. 482). — L'armoise s'appelait vulgairement *Herbe de S. Jean.*

(103) *Oxysacchrasa compositus* de Nicolas ; composé comme celui du n° 113, et contient, en outre des sucs d'herbes et de racines. « Fortifie les viscères ». (N.L.p.248).

(104) Sirop de fumeterre ou *fiel de terre, Fumaria offi-cinalis, L.* « Bon pour la gale et les dartres » (N.L. p. 207). « Purifie la masse du sang ». (M. rust. II, p. 303).

(105) Sirop de semences de livèche, *Ligusticum levisti-cum, L.*, de la famille des ombellifères. — Stimulant au-jourd'hui inusité ; la livèche, assez semblable au fenouil, était connue sous le nom de *Séseli de Marseille* (P. P. p. 5.

(106) Sirop de groseilles rouges ; groseillier *Ribes, L.*, « astringent et rafraichissant, réjouit le cœur ». (N L.p. 244 et M. rust. t. II, p. 365). — V. n° 135.

107	It. demie livre cirop de sti-cades pr.	III s.	—
108	It. III livres demie ciro de scolopendre pr.	x s, VI d.	
109	It. III livres cirop d'épitimo pr.	IX s.	—
110 *	It. v livres cirop de cicorée pr.	XX s.	—
111	It. livre demie cirop d'epatorio pr.	IX s.	—

(107) Sirop de stéchas arabique, *Lavandula staechas*, *L.*
« Chasse les vents et excite les menstrues » (N.L. p. 261).
— « Déjà sans usage en médecine à la fin du XVII° siècle. »
d'après Pomet (p. 181). Cependant Baumé (p. 504) après
lui avoir reconnu les vertus ci-dessus, ajoute : « il est cé-
« phalique, hystérique, il fortifie l'estomac, et aide la res-
« piration dans l'asthme ».

(108) S. de scolopendre, *langue de cerf*, fougère, *Asple-nium scolopendrium*, *L.* « Bon pour l'hypocondrie, excite
« l'urine ». (N. L. p. 282 et M. rust. t. II, p. 367).

(109) Sirop de thym ; *Sirupus de thimo*. (Inv. Metz et
N. L. p. 297, en manchette). — « L'infusion de thym con-
« vient à ceux qui tombent du haut-mal. Sa décoction sou-
« lage les asthmatiques, fait mourir les vers, et fait sortir
« l'arrière-faix ». (M. Rust. t. II, p. 376).

(110) N. Lémery donne trois sirops de chicorée : *a* : celui
de Nicolas, hépathique, et splénique (p. 191) ; *b* : réformé,
mêmes vertus (p. 191) ; *c* : composé de rhubarbe, « qui
« purge en resserrant » (p. 193). — Remède pour enfants.

(111) Sirop d'eupatoire (d'eupatorio, inv. Metz), *Eupa-torium cannabium*, *L.*, composée, très commune dans nos
marais. « Ce sirop de Mesué est bon pour l'estomac et le
« foie, lève les obstructions ». (N. L. p. 280).

112	It. ı livre cirop mirtille pr.	v s.	—
113	It. demie livre cirop occi- sacre pr.	ıı s.	—
114	It. v livres cirop d'endive pr.	xv s	—
115 *	It. v livres cirop rigolisse pr.	xv s.	—
116	It. demie livre cirop de jus d'oseille et demi livre cirop rosart pr.	ııı s.	—
117	It. livre et demie de lohot de pin pr.	vı s.	—

(112) S de baies de myrtille, *Vaccinium myrtillus*, L., en picard, *raisin de renard*, de la famille des vaccinées. « Arrête les hémorragies ». (N. L. p. 280 ; P. P. p. 27).

(113) *Occycrace simplex :* Sucre, suc de grenades et vinaigre. « Réjouit le cœur, précipite les vapeurs bi- « lieuses, sulfureuses ou salines. (N.L.p. 248).— « L'oxycrat, « qui n'est autre chose qu'un peu de vinaigre mêlé dans de « l'eau, s'emploie dans les fomentations, dans les garga- « rismes et dans les lavements ». (M rust. t. I, p. 484). — V. nº 103. — Etym : *oxus*, acide et *cérao*, mélanger.

(114) Sirop d'endive, *Cichorium endivia, L,* composée « Bon pour les fièvres et la pleurésie. » (N. L. p. 222). — « Endive est espèce de laitue ». (O. de Serres). — V nº 222.

(115) Charr. p. 178 et 179 donne deux recettes, l'une de suc de réglisse noir et l'autre de suc de réglisse blanc, « très « employées pour les maladies de poitrine ». V. nºˢ 85, 208 et 211. Baumé ne mentionne pas le sirop de réglisse.

(116) Sirop de jus d'oseille (N. L. p. 245). V. nº 76 : sirop de roses. (Id. p. 201 et ss.). — Remèdes anodins.

117 *Loch de pino* de Mesué où entraient des pignons doux V. nº 3. « Bon pour la toux invétérée ». (N. L. p. 310). Pomet est muet sur les vertus des pignons qui, de son temps, ne servent plus déjà qu'en cuisine et en confiserie.

118	It. demie liv. diafinocum pr.	VI s.	—
119	It. livre et demie de yéra-pigre pr.	IX s.	—
120	It. une livre de vert gingembre pr.	IIII s.	—
121	It. une livre et demie de yera simple pr.	VI s.	—
122	It. livre et demie de conserve de luna campana pr.	IIII s.	—

(118) *Diaphœnicon* de Mesué ; électuaire avec dattes ; « Purge la pituite, excite les mois. Bon pour les maladies « hystériques ».(N.L.p.788 ; Charr.p.246); Baumé,p.597).

(119) *Hiera picra* de Galien ; de *ieros* (sacré) et *picros* (amer).Vertus singulières ,N.L.p.331 et 818 ; Charr.p.251).

(120) Gingembre vert, *Amomum zinziber*, *L.* ; électuaire laxatif (N. L. p. 640; Ec. Salerne. p. 60). — V. nᵒˢ 198 et 203, et dans Gay, vᵒ gingembras, arch. Abbeville, stat. p. 293. — On disait vert gingembre, en picard, comme de nos jours encore on intervertit l'adjectif et le nom dans : blanc bonnet, blanc fer, verds moines. V. Réb. pic. p. 66.

(121) *Hiera simplex* de Mesué, ou *hiera de octo rebus*, électuaire composé de huit drogues, « pour coliques ven-« teuses, léthargie, épilepsie ». (N. L. p. 821).

(122) Conserve d'aunée, *Enula campana, Inula hele-nium, L.*, de la famille des composées. « Bonne pour les « maladies de poitrine, l'asthme... provoque les mois ». (N. L. p. 169 et M. rust. t. II, p. 388). — On en compose un onguent avec le beurre frais « excellent pour la gale et « toutes les maladies de la peau ». (M. rust. t. II, p. 356).

> *Aux entrailles l'aunée est saine et bienfaisante :*
> *A bien des maux elle a remédié.*
> *Au jus de rue associé,*
> *On prétend que son jus a la vertu puissante*
> *De guérir un mortel qu'afflige une descente.*
>
> (Ec. SALERNE, p. 56)

123	It. une livre de benonte pr.	v s.	—
124	It. xx livres de metridac pr.	lx s.	—
125	It. ung quarteron minima aromatica pr.		— xv d.
126	* It. i quarteron de cirop de acceto citi pr.		— xv d.
127	It. i livre dinde pr.	v s.	—

(123) Benoite, *Geum rivale* ou *Urbanum*, L.., rosacée. Pomet (p. 161) et Charras (p. 247 et 248) citent la bénédicte laxative et l'*électuaire cariostin*, purgeant tous deux la pituite et les sérosités. *Cariophyllata* est le vieux nom de la bénoite, dans Bauhin et Tournefort. — La bénoite est une petite plante à fleurs jaunes, croissant sur les bords de nos ruisseaux et dont la racine sent le girofle.

(124) Antidote, électuaire compliqué, à base d'opium. (N. L. p. 38 et 684 ; Charr. p. 220). — « De quoy nous « faict foy le roi Mithridates, inventeur du métridat, lequel, « en ayant pris par long usage, ne se peust faire mourir « qu'avec peine extresme par le poison ». (Paré XXIV, 24). Le sang du canard en était la base (Buffon). — Aujourd'hui on nomme *vendeur de mithridates* un charlatan.

(125) Epices inférieures pour assaisonnements (girofle, muscade, canelle, gingembre, etc...) fort en usage alors. Dans tous les inventaires de cette époque, on trouve un mortier et son pestel, dans la pièce servant de cuisine. Sur les épices v, p. 65 et sur le mortier nos 293 à 295.

(126) « Le mot *aceto* se joint souvent à d'autres mots « pour former des adjectifs ». (Larousse v° aceto). Il faudrait alors lire : Sirop d'*aceto cit(r)i*, ou jus acide de citron, qu'il ne faut pas confondre avec le sirop d'oranges amères, base des bitters et curaçaos modernes.

(127) Myrobolans indiques ou indiens (P. P. p. 222). V. n° 39. *Adde* Littré, supp. gloss. orient. V° belleris.

128	It. 1 demie lohot sanum pr.	II s.	—
129	It. 1 liv. demie de conserve capilly veneri pr.	VI s.	—
130 *	It. XII livres de conserve de rozes pr.	XXXVI s.	—
131 *	It. II liv de tiriaca magna pr.	VIII s.	—

(128) *Loch sanum* de Mesué « pour la toux, et qu'on « prend au bout d'un bâton de réglisse » (N. L. p. 312 ; Charras p. 167 et 168). — A l'origine, le looch était très épais et on le léchait. Depuis il est devenu une potion ayant pour base une substance huileuse tenue en suspension par un mucilage. V. Baumé, Elém. pharm., p. 830. — Les indications de Baumé présentent un intérêt particulier, en raison des emprunts qu'il reconnaît (p. xx) avoir faits à la pharmacopée de Sylvius, notre compatriote, contemporain de J. de Louvegny. (V. *supra*, note p. 72).

(129) Conserve de capillaire. V. nᵒˢ 9 et 98. — *Adde :* « Pour les maux de poitrine et de la rate ». (N. L. p. 168).

(130) Conserves de roses de Provins. (V. nᵒ 22). — Il s'agit probablement ici de conserves liquides, en eaux ou sirops. (N. L. p. 202 et ss. ; Charr. p. 112 ; M. rust. t. II, p. 388), pour les maladies de cerveau et de poitrine.

(131) Thériaque ; la thériaque figure encore au codex de 1884. — On cite notamment parmi les thériaques renommées : 1ᵒ la grande Athanasie d'Avicenne, où entrent du foie de loup, de la corne droite de cerf, du castoréum,.. (N. L. p. 692) ; 2ᵒ « la thériaque d'Andromaque, le père, panacée universelle à base d'opium. (Charr. p. 104). — *Triacle*, dans Rabelais et Ducange. — *Triacleur*, dans Rabelais, est synonyme de marchand de thériaque, d'orviétan. — V. note p. 6.

132   It. 1 livre cirop de ysope pr.   III s.   —
133   It. demie livre diamorum pr.   —XII d.
134   It. x livres demie cerises con-
       fites pr.   XXXI s. VI d.

(132) Sirop d'hyssope, *Hyssopus officinalis*, *L.* labiée.
« Ce sirop de Mesué est bon pour l'asthme, les urines, les
« sables des reins ». (N. L. p. 259 ; M. rust. t. II, p. 366).

> *L'hissope avec succès purge les phlegmatiques :*
> *Bouillie avec du miel aide les pulmoniques :*
> *Et, par une vive couleur,*
> *D'un teint rouge corrige la paleur.*

(Ec. SALERNE, p. 56).

Hysope, plante aromatique célèbre : — « Depuis le cèdre du Liban jusqu'à l'hysope qui sort des murailles ».
(Bib.Rois,III,IV, 33).— Dans la cérémonie de la bénédiction
de l'eau, avant la grand'messe : « *Asperges me, Domine,*
« *hyssopo et mundabor ; lavabis me et super nivem dealbabor* ».

(133) Electuaire de mures, (*Meuron, meure*, en picard,
Jouanc.V° meuron). Fruit du *Morus nigra* ou *alba*, *L.* — Rob
de meures sauvages (Charr. p. 103). — « Rob de mures,
« pour les maux de gorge et les aphtes ». N. L. p. 138).

> *La meure désaltère et sa douceur aigrette,*
> *Récrée également le gosier, la luette.*

[L'ART DE CONSERVER SA SANTÉ, DE L'ÉCOLE DE SALERNE,
traduction en vers français, par M. B. L. M. (Bruzen de la
Martinière), à Petit-Bourg, Decauville, 1888. p. 40].

(134) Confitures de cerises — (P. P. p. 100). *Adde:*

> *La cerise a pour la santé*
> *Plus d'une bonne qualité.*
> *C'est un des meilleurs fruits que produise la terre ;*
> *Il purge l'estomac, il donne un sang nouveau,*
> *Et l'amande qu'on trouve en cassant son noyau*
> *Délivre les reins de la pierre.*

(Ec. SALERNE, p. 40).

135	It. ıı livres demie de con- serve de ribes pr.	vıı s. vı d.
136 *	It. demie livre conserve de de cicorée pr.	ıı s. —
137 *	It. demie livre conserve sco- lopendre pr.	— xvııı d.
138 *	It. ıı livres conserve violles pr.	vıı s. —
139	It. ııı quarterons de micleti pr.	ıııı s. —·
140	It. deux onces diacatoli- cum pr.	ııı s. —

(135) Conserve de groseilles, — (P.P.p.101). — V.n° 106.

(136) Chicorée sauvage, *Cichorium intybus.* L. (N. L. p. 165). — « Plante d'un goût amer, apéritive, détersive, « propre à laver les obstructions et à purifier le sang. — « On en fait un sirop composé avec la rhubarbe, usité « pour les maladies des enfants ». (M. rust. t. II, p. 360).

(137) Scolopendre, *Asplenium scolopendrium*, *L.*, fou- gère, sert à composer le « Sirop de Fernel, pour le mé- senthère, la rate, l'hypocondrie, les fièvres ». (N. L.p.282). — N'entre plus maintenant que dans le sirop de chicorée.

(138) Fleurs de violettes, *Viola odorata*, *L.*, violacée. — (P.P.189). Ces fleurs conservées sont employées en infusion comme béchiques ou bonnes contre la toux. — V.note p. 7.

> *Pour dissiper l'yvresse et chasser la migraine*
> *La violette est souveraine.*
> *D'une tête pesante elle ôte le fardeau :*
> *Et d'un rheume facheux délivre le cerveau.*
>
> (Ec. SALERNE, p. 47).

(139) *Micleta de Nicolas*, antidote particulièrement re- commandé contre les flux de sang. (N. L. p. 722).

(140) Diacatholicum de Nicolas. — Cet électuaire pur- gatif, autrefois très célèbre, est encore au Codex de 1884.

141 * It. ung quarteron conserve
de bourrasses pr.   — xii d.
142   It. une livre conserve acori
pr.   iii s.   —
143   It. livre demye de triffera
magna sinopio pr.   iiii s. vi d.
144   It. i livre de triffera sarra
sania pr.   iiii s.   —

(141) Bourrache, *Borrago officinalis, L.*, de la famille des borraginées (N. L. p. 165). — Rafraîchissant, dépuratif, sudorifique et diuretique, encore assez employé. — « Géné-« ralement la bourrache est associée à la buglose dans les « préparations ». (M. rust. t. II, p. 357). — V. n° 190.

Cardiacos auffert, borago gaudia confert.
Dicit Borago : « Gaudia semper ago ».

(Ec. Salerne, p. 48).

(142) Racines de l'*Achorus calamus, I.*, « *L'Acorus verus* « ou acore vray que nous appelons mal à propos *Calamus* « *aromaticus* est quelque peu usité en médecine et est un « des ingrédients de la thériaque ». (P. P. p. 90). — Entre aussi dans la composition de l'opiat de Salomon et de l'or-viétan (Dorv. offic.) — Dans Baumé, (p. 573, composition de la thériaque), l'achorus est nommé encore *calamus aro-maticus*, à côté de noms vulgaires d'autres plantes

(143) *Tryphera magna sine opio*, de Nicolas ; électuaire sans opium. (N. L. p. 755 et ss.). — « L'électuaire à base « d'opium portait le nom d'*Affion* dans la vieille pharmaco-« pée française ». (Littré, supp. gloss oriental).

(144) *Tryphera sarracenica* des Arabes. Electuaire pur-gatif de Mesué et Nicolas. — « Purge doucement la bile « ainsi que la mélancholie ». (N. L. p. 755).

145	It. ɪ livre de conserve de cor- noilles pr.	ıı s. vı d.
146 *	It. ıı onces demie de trocis de rubarbe pr.	xıı s. —
147	It. ɪ once de trocis d'agari pr.	— xvııı d.
148	It. deux onces de pouldre di- arodon abbatis commusio pr.	vıı s. vı d.
149	It. demie once de diarodon simple pr.	— xvııı d.
150	It. ıııı onces demie de di- acendale duplicati pr.	ıx s. —

(145) Cornouilles (*Corneules* et *Corgnolles*, en picard), *Cornus mas, L.*, de la famille des caprifoliacées. — Ce fruit, gros comme une olive en forme de corne, rouge et acidule était jadis employé en confiture comme astringent (O. de Serres) Les enfants le mangent quand il est blet.

(146) Trochisques de rhubarbe de Mesué. « Pour les « obstructions du foie, du mésenthère, de la rate ; purge « très doucement en resserrant ». (N. L. p. 428 ; Charr. p. 561 ; Baumé, p. 622). — V. p. 45 note 3 et n° 33.

(147) Trochisques d'agaric de Mesué. — V. n° 51 ; *adde* : N. L. p. 426 ; Charr. p. 221. — « Purge avec une grande « violence ». (Charr. p. 263 ; Baumé p. 676). — V. note p. 6.

(148) Poudre diarrhodon de l'abbé. — Le sens du mot *commusio* nous échappe. Peut-être faut-il lire *communis*; en effet Nicolas donne de cette poudre cinq formules. — Mêmes vertus qu'au n° suivant. (N. L. p. 379 ; Baumé, p. 557).

(149) Trochisque le plus simple des cinq formules de Nicolas, mentionnées dans le numéro précédent. — « For- « tifie le cœur, l'estomac et le foie ». (N. L. p. 380).

(150) Confections ou électuaires, dans lesquels entre de la poudre de bois de Santal, appelé vulgairement *bois de Sandal* (P. P. p. 107 ; Baumé, p. 557). — V. le n° suivant.

151	iii onces demie de diacendale duplicati pr.	x s.	vi d.
152 *	It. once demie de pouldre diagragan pr.	— xv	d.
153	It. ii onces de pouldre de aromaticum rosatum pr.	iii s.	—
154	It. deux onces de diarris Salomonis pr.	— xviii	d.
155	It. iii quarterons fleurs de laurerle pr.	ii s.	—
156 *	It. iiii livres de blanc razes pr.	v s.	—

(151) Id. à base double (*duplicati*) de Santal. (N. L. p. 108). — *Adde :* « Poudre des trois santaux, pour forti- « fier le cœur et l'estomac ». (N. L. p. 383 ; Charr. p.187).

(152) Diagrède, ancien nom de la scammonée. — V.n° 32. — Spécialement sur les vertus purgatives de la résine de scammonée, v. Charras p. 565 et Baumé, p. 119.

(153) Poudre électuaire *Aromaticum rosatum Gabrielis* de Mesué. « Employée contre la bile, la jaunisse, la goutte « et les vertiges ». (N. L. p. 800 ; Charr. p. 184).

(154) Electuaire d'iris de Salomon. — « Pour l'asthme et « les pituites grasses du cerveau ». (N. L. p. 813). — Cf. la poudre pour faire éternuer. (Charr. p. 200). — Le mot *iris* est incertain ; car si Pomet (p. 64) indique bien l'iris comme entrant dans plusieurs compositions galéniques, Baumé (p. 584) ne le mentionne plus dans l'électuaire désigné par lui sous le nom d'« Opiate de Salomon ».

(155) Fleurs de lauréole, *Daphne laureola,L..*famille des daphnacées.— « Feuilles de lauréole desséchées ».(A. Paré, Littré, v° lauréole). — Peut-être *Laurelle*, laurier rose ?

(156) Onguent blanc de Razes, à la céruse (carbonate de plomb) ; est au codex de 1884. — « Employé pour les brû- « lures, gratelles et démangeaisons » (N.L.p. 1065 ; Charr. p. 355). — Dans Baumé (p. 736), il porte indifféremment le nom d'onguent de blanc raisin ou onguent de blanc rhazis.

157		It. iiii livres caragum pr.	vi s.	—
158	*	It. ii livres demye de basilicum pr.	v s.	—
159		It. ii liv. iii quarterons marciatum pr.	v s.	—
160	*	It. i livre onguement agrate pr.	—xviii d.
161	*	It. ii livres un quarteron populeum pr.	iii s. vi d.

(157) Caragne, gomme résine, originaire de la Colombie. — « Elle entre dans la composition d'un baume très re- « commandé pour les hémorroïdes ». (P. P. p. 265).

(158) Onguent basilicum, dépuratif (N.L.p.1068). — On ne prépare plus l'onguent basilicum avec la labiée *Ocymum basilicum*. L. Il se compose de poix noire, colophane, cire jaune et huile d'olive, suivant la formule qu'en donnait déjà *Baumé*, dans ses *Eléments de pharmacie*. (Paris, Samson, 5ᵉ édit. 1784, p. 730). — Il est maturatif et dépuratif, « digé- « rant, avançant la suppuration des plaies et des ulcères ».

(159) Onguent Marciatum de Nicolas de Salerne. « Bon « pour les nerfs, les jointures, les humeurs froides et la « goutte sciatique ». (N. L. p. 1074 ; Charras p. 367 et Baumé, p. 720).

(160) Onguent Agrippa de Nicolas, résolutif, laxatif. (N. L. p. 1085 ; Charras. p. 374. Baumé, p. 725). Actuel- lement on le désigne plus souvent sous le nom d'onguent de bryone, *Bryonia dioica*, L., cucurbitacée. — V. n° 267.

(161) Onguent populeum, aux bourgeons de peuplier *Populus nigra*, L. axonge de porc, etc. (N. L. p. 1064 ; Charras p. 357 ; Baumé p. 720 et Codex de 1884). — Balsamique, vulnéraire, anti-hémorrhoïdal, bon pour les brûlures, les crevasses du sein et les cancers.

162	It. ιιιι livres de triacle com-		
	mun pr.	vιιι s.	—
163 *	It. ι livre huille de lis pr.	ιι s.	—
164	It. ι livre huille de rue pr.	ιι s.	—
165	It. demie livre huille de		
	violles pr.	— xιι	d.

(162) Thériaque commune ; antidote universel (N. L. p. 685). V. n° 131. — Celle de Baumé (p. 573), comporte encore soixante-cinq ingrédients. Dès lors, on comprend facilement comment sa réputation s'est établie partout :

Poire, rue, ail, raifort, noix avec thériaque
Repoussent du venin la dangereuse attaque.

(Ec. SALERNE, p. 62).

(163) Huile extraite du bulbe du lis ; fort peu employée même dans l'ancienne pharmacopée (N. L. p. 980). « Les « fleurs du lis servent à faire une huile qui constitue un « remède populaire contre les maux d'oreilles et un hydrolat « qui n'est plus employé ». (Dorvault. offic.). — V. n° 165.

(164) Huile de rue, *Oleum rute* (N. L. p. 980),tirée de la *Ruta graveolens, L.,* rutacée. — Préconisée comme remède contre la gale. « Prenez vin et rue et peivre. » (Littré v° rue).

Cruda comesta recens oculos caligine purgat,
Ruta viris minuit venerem, mulieribus addit.
Ruta facit castum, dat lumen et ingerit astum ;
Cocta facit ruta de pulicibus loca tuta, ·

(Ec. SALERNE, p. 54 : V. curieuse parap. du second vers).

(165) Huile de violettes ; *Oleum violatum* (N. L. p. 980 ; P. P. p. 189. « Cette huile comme l'huile de roses ou « rosat. de millepertuis, de lis, de genets, n'a que la vertu « de l'huile d'olives ; elles sont seulement adoucissantes et « emmollientes, appliquées à l'extérieur ». (Baumé,p. 679).

166	It. demie livre huille de cas- tro pr.		— xviii d.
167	It. iii quarterons huille ro- sart pr.		— xiii d.
168	* It. demie liv. miel rozart pr.		— xii d.
169	It. demie livre apostolorum pr.	ii s.	—
170	* It. iii quarterons populeum pr.		— xviii d.
171	* It. iiii livres huille lorier pr.	xxiiii s.	—
172	* It. ii livres onguement ro- zart pr.	iiii s.	—
173	It. x livres huille de auilte pr.	xv s.	—

(166) Huile de castoreum de Nicolas. « S'emploie pour
« les paralysies du cerveau provenant d'une pituite grasse,
« etc.. . ». (N. L. p. 1099 ; Charr. p. 625 ; Baumé p. 692).

(167) Huile rosat « pour fluxions, maladies des reins et
« de la tête ». (N. L. p. 979 ; Charr. p. 477). — V. n° 165

(168) Miel rosat, « détersif et astringent ». (N.L.p.178 ;
Charr. p. 161). — Depuis longtemps déjà, on considère
le miel comme n'étant qu'un laxatif des plus anodins.

(169) Onguent des Apôtres d'Avicenne ou *Unguentum
dodecapharmacum* (des douze drogues). « Onguent pour
« les plaies et les ulcères » (N L. p. 1069 et Charr. p.371).

(170) V. n° 161.

(171) Huile laurin ou de baies de laurier. Panacée universelle. N. L. p. 978 et 979 ; Char. p. 314 ; Baumé p.718).

(172) Onguent rosat. — « On s'en sert pour les hémor-
« roïdes, les inflammations et les douleurs des jointures ».
(N. L. p. 1063 ; Charr. p. 352 ; Baumé, p. 717 .

(173) Huile d'œillette, pavot cultivé (N. L. p. 980). —
V. n° 283.

174 * It. une livre huille aspic pr.   XII s.   —
175 * It. 1 livre huille de pétrolle
    pr.   X s.   —
176   It. 1 livre noix dinde pr.   IIII s.   —
177   It. II livres ung quarte-
    ron d'esponge pr.   XIII s.   VI d.
178 * It. II livres huille terbentine
    pr.   VIII s.   —
179   It. 1 livre de braiette de mou
    pr.   II s.   —

(174) Huile d'aspic, *Lavandula spica*, L., labiée, « seule « capable de dissoudre le sandarac ». (P. P. p. 185) ; est encore employée par les peintres sur émail. — V. n° 256.

(175) Huile de pétrole sans emploi en pharmacie — « L'huile de pétrolle qui sort de terre ». (B. Palissy).

(176) Noix indiennes On vendait, sous ce nom, les miro-bolans indiens ou arécas et les muscades mâles et femelles. — « De ces dernières, on tirait une huile propre contre les « humidités et les froideurs de l'estomac et des parties « nobles ». (Charr. p. 312). — V. P. P. p. 207.

(177) Eponges. — « Sans grand usage à l'état naturel, mais « leur poudre calcinée est bonne pour le goitre, le scorbut ; « elle est apéritive », (N.L. p. 130). — Pomet ne la signale plus que comme propre à nettoyer les dents. P. P. p. 165.

(178) Huile de térébentine, *Pinus larix*, L. — Huile est ici synonyme d'essence. — « Elle ouvre les conduits de l'u-« rine, empêche la génération des calculs, etc.. » (Charr., p. 539). — « *Albotin* était la vieille appellation du térébinthe « et de sa racine. » (Littré, gloss. orient).

(179) *Braiettes*, très vraisemblablement *broyettes*, petits morceaux de mou de veau, lesquels entrent encore dans la confection du sirop adoucissant, pectoral et béchique de Lamouroux. (V. offic. Dorvault).

180 * It. ii liv. huille de mente pr.   iiii s.   —
181   It. i livre huille de nard pr.   iii s.   —-
182   It. demye livre huille de
      lénufart pr.   — xii d.
183   It. demi quart. de basme pr.   —xviii d.
184   It. ii livres huille de vers pr. iiii s.   —
185   It. i liv. huille de lénufart pr. ii s.   —

(180) Huile de menthe, probablement de la *Mentha pipe-rata*, *L.*, de la famille des labiées. — V. Baumé p. 683.

La menthe est pour les vers un remède efficace ;
Au ventre, à l'estomac, elle agit et les chasse.

(Ec. SALERNE, p. 53).

(181) Huile du nard indien ou indie ou spicanard, dit : *Nardostachy Jatamansi*. (P. P. p. 186 ; N. L. p. 990). Graminée, *Andropogon nardus*. *L.*, dont le rhizôme est très aromatique. — V. Bib. Evang. St Marc, xiv, 3.

(182) Huile de nénuphar, *Nymphea alba*, *L.*, calmant. (N. L. p. 980). Les fleurs et la racine du nénuphar ou *lys d'étang* ont joui, pendant très longtemps, d'une réputation universelle comme antiaphrodisiaques. — V. M. rust. t. II, p. 369 et 391 et aussi n° 185.

(183) Il ne s'agit pas ici du baume des jardins, *Mentha gentilis*, *L.* — Mais, en raison de la place occupée dans l'inventaire, il s'agit du baume au sens d'huile naturelle ou artificielle. (N. L. *passim* et Charras. p. 336). — V. n° 77.

(184) Huile de vers de terre, *Oleum lumbricorum* (Charr. p. 327 et 620). — V. n° 278 et 281. — Cf. Huile de petits chiens (Off. Dorvault).

(185) Huile de nénuphar. V. n° 182. — *Lénufart* est resté une des formes picardes de nénuphar. — On en faisait aussi un miel, ayant les mêmes vertus que le miel violat, c'est-à-dire insignifiantes. (M. rust. t. II, p. 391). — V. n° 182.

186	It. livre et demye huille de coste pr.	III s.	—
187	It. I livre huille d'euforme pr.	II s.	---
188	It. XII quieuvrettes prisées ensemble.	XLVIII s.	—
189	It. III quarterons conserve d'absinte pr.	II s. VI d.

(186) Huile du costus, terme de pharmacie de l'*Auklandia costus, Falconner.* « Cette huile due à Mesué, aphrodisiaque « et vermifuge, fortifie les nerfs, dissipe les catarrhes ». (N. L. p. 988 ; Charr. p. 213) ; N. L. p. 60 et 130).

(187) Huile de l'*Euphorbia cyparissias, L.,* plante de la famille des euphorbiacées, à suc laiteux, acre et caustique. « Dissout les humeurs graisseuses froides » (N. L. p. 986 ; Charr. p. 236). — V. n° 231. — Pline en fait déjà mention, en lui atribuant des vertus nombreuses et extraordinaires.

(188) Couleuvrettes (?) vipères conservées : entraient dans la composition de nombreuses drogues (P. P. p. 60 ; N. L. p. 127). — Sur les vipères, V, Charr. p. 334 et 603, et note p. 5. — La tête appliquée sur l'estomac des enfants prévenait les convulsions ; on en faisait même des amulettes. — « La tête de vipère desséchée, devait combattre « tous les venins et particulièrement celui de l'animal « même ». (Fourcroy, dans Littré, v° vipère). — Mme de Sevigné, dans une lettre à sa fille, préconise encore le bouillon de vipère, qu'elle prend tous les matins.

(189) Conserve d'absinthe. *Artemisia absinthium, L.,* composée. — Les anciens en faisaient l'emblème de la santé, comme apéritif, fébrifuge, vermifuge. En raison des ravages qu'elle fait dans la santé publique, aujourd'hui même en Belgique, la vente vient d'en être prohibée. — De même l'*Assa fœtida*, le *Cibus deorum* des anciens, est devenue chez les contemporains le *Stercus diaboli.*

190   It. III livres conserve buglose
      pr.   IX s.   —

(*a*) It. III boites de terre d'anvers
      ensemble pr.   VIII s.   —

(*b*) It. VI autres boittes façon Da-
      mas, terre de Valence pr.   XXI s.   —

(*c*) It. XI petites boites semblable
      terre et ouvrage pr.   XV s.   —

(*d*) It. pot à manche de terre de
      Flandres pr.   X s.   —

(*e*) It. dix autres boites de pa-
      reille terre pr.   X s.   —

(190) Conserves de buglose, *Anchusa officinalis, L.*, borraginées. (X. L. p. 165). — Cette sorte de bourrache, autrefois employée comme émollient, est inusitée absolument aujourd'hui, après avoir aussi guéri en son temps :

> *Dans le vin que vous voulez boire*
> *Laissez la buglose infuser,*
> *Son grand effet est d'apaiser*
> *Le chagrin qu'au cerveau porte la bile noire.*

(Éc. Salerne, p. 48).

(*a*) On voit par ce numéro et les suivants, le sens compréhensif du mot boite : c'était tout récipient de quelque matière qu'il fût. — Sur les terres d'Anvers, v. p. 40. — La terre d'Anvers est ici synonyme de grès de Flandres.

(*b* et *c*) V. p. 39 et 40. *Adde :* « Une boictelette (petit « coffret) où est une petite escuelle de Valence plaine de « baulme », 1467. (Hav. vº Terre de Valence). V. Jacq. p. 317.

(*d* et *e*) Probablement pots à manche, émaillés en blanc. — Cf. : « quatre grandes coupes de terre blanche de Flandres ». Inv. de 1590 (Hav. vº Terre de Flandres).

(*f*) It. vingt pots verds et jaunes
pr.   v s.   --

(*g*) It xii boittes à façon de bois-
seaulx pr.   xii s.   —

(*h*) It. une boitte carrée moienne
et une petite pr.   iii s.   —

(*i*) It. iii boittes peintes pr.   iii s.   —

(*j*) *Trouvé au célier dudit hostel.*

191 * It. xx livres d'huille d'olive
pr.   xxxii s.   —

192 * It. xviii liv. d'huille d'olive
forte pr.   xx s.   --

(*f*) Ces pots, colorés en jaune ou en *verd* (vieille forme
du mot vert) ont été inventoriés et prisés, à l'inverse de
ceux de fabrication très commune destinés aux drogues remises aux clients. — V. les figures des pages 58 et 59.

(*g*) Ouvrages de boissellerie, provenant très probablement de la Thiérache, (capitale : Guise en Picardie).

(*h* et *i*) Sur ces diverses boites peintes V. p. 39 et n° 298.

(*j*) Sur *Célier*, la cave. (V. p. 33). — Sur *Hostel*, V. n° 290.

(191) « L'huile d'olive est la base de toutes les huiles
« composées, cérats, baumes, onguents et emplâtres. »
— « ... C'est d'un baume de cette huile battue avec du vin
« que le Samaritain de l'Evangile guérit un blessé. » (P. P.
p. 240). — Elle était aussi l'huile à brûler des riches, quand
manquait, à la fin du moyen-âge, l'huile de baleine.

(192) *L'huile d'olive forte* est vraisemblablement de
l'huile vieille, qui a le mérite de ne pas rancir. — « En
« médecine, il faut choisir la plus vieille ». (M. rust. II,
p. 844). — *L'huile de cent ans* est surtout recommandée
par Charras (p. 306), pour ses vertus particulières.

193 * It. xviii livres d'huille de
cade pr.   XXII s. VI d.
194   It. v. livres de cappres pr.   VI s. III d.
195   It. XII livres de tourven-
tine pr.   III s.   —
196   It. I livre de cafe pr.   XII s.   —

(193) Huile du *Juniperus oxycedrus, L.* — « L'huile de
« cade tirée de l'oxicèdre est la meilleure pour la médecine
« vétérinaire ; la gomme de l'oxcicèdre est le véritable
« sandarac ». (P. P. p. 117.) — Ne pas confondre l'huile
d'oxcycèdre avec celles tirées du génévrier (id. p. 118) et
surtout avec le *Tarc*, dit aussi huile de cade fausse, huile
de poix, goudron, bray liquide, (id. p. 289). « Des aulx
« pilés est fait cataplasme avec de l'huile de cade, que le
« vulgaire paysan françois appelle *Tal* ». (O. de Serres,
p. 941, dans Littré, v° cade).

(194) Huile de capres, Oleum capparum. Pomet, p. 245,
ne parle des *cappes* que comme condiment. — « Une livre
« de caspres, deux sols » xvi° siècle (Littré, v° capres).
— « L'huile de capres est propre pour les douleurs de la
« rate et elle ramollit aussi les esquirres ». (N. L. p. 986).

(195) Tourventine, tourmentille, tormentille. V, n° 80.

(196) Vraisemblablement le fruit du canneficier, *Cassia
fistula, L.*, famille des légumineuses. — Bien que le manuscrit porte *Cafe*, il ne peut être ici question du café
qui n'a été importé en Europe qu'au commencement du
xvii° siècle, mais bien de la casse. V. Charr. p. 224 ; du
reste la casse entrait dans la confection des clystères : Inv.
de 1453, à Avignon. (Gran. p. 43). — « Plus une bonne mé-
« decine purgative et corroborative, composée de casse
« récente avec sené levantin, suivant l'ordonnance de
« Monsieur Purgon, pour expulser et évacuer la bile de
« Monsieur ». (Mol. Mal. imag. I. 1).

Trouvé en ladicte bouticle, en ung petit buffet

197	It. deux livres ung quarteron poivre menu pr.	IIII s.	III d.
198	It. quarteron demi gingembre de Venise pr.	III s.	—
199	It. demye livre de gomme-dere pr.	V s.	—
(*a*)	It. deux grans boiettes painc-tes et une petite pr.	III s.	—
200 *	It. deux onces safren pr.	VII s.	—

(197) Poivre menu à faire huile des trois poivres (longs, noirs et blancs) de Mesué, *Oleum de piperibus*. « Employée « pour la paralysie, les convulsions, la sciatique, etc… » (N. L. p. 993). — Sur les trois poivres, v. P. P. p. 191.

(198) V. n° 120. — Nous n'avons trouvé que dans le présent inventaire le nom de Venise accolé à celui de gingembre. Venise ne pouvait être, selon nous, qu'un comptoir d'importation de cet épice, originaire des Indes. Ex. :

> *Rapporter de Goa, le poivre et le gingembre.*
>
> (Boileau, Sat. VIII).

— Entre dans le mithridate. (P.P.p. 61 ; Charr. p. 221).

(199) Gomme du lierre, *Gomme ederae*. — Le picard a conservé le mot *hierre*, sans l'agglutination avec l'article laquelle est passée en français. — V. n° 56.

(a) V. p. 39, n°ˢ 190 *i* et 298.

(200) Safran, *Crocus sativus. L.*, *iridée*. « L'huile de sa-« fran dissipe les duretés, apaise les douleurs de matrice. » (P. P. p. 177 et ss ; N. L. p. 984 ; Charr. p. 219). — « Le « zaphran tant esiouit le cœur qu'il le dépouille de vie, si « on en prend en dose excessive, par résolution et dilata-« tion ». (Rab. I, p° 40. — Ce n'est pas tout encore, car :

> *Le safran réconforte, il excite la joie,*
> *Raffermit tout viscère et répare le foye.*
>
> (Ec. Salerne, p. 48).

(a) Trouvé en la chambre hault de devant en unes aulmoires.

201 *	ix pains de chucre pesant ensemble LXVIII livres demye prisée, chacune livre III sous VI deniers, vallent	VIII liv. XVIII s. VI d.
202	It. III machepains de dragée pesant ensemble IX quarterons pr.	IX s. —
203	It. I livre vert gingembre pr.	IIII s. --
204 *	It. III onces huille de genévrier pr.	III s. —

(*a*) Dans la chambre donnant sur la rue, dans une armoire.

(201) Pains de sucre de canne, *Saccharum officinarum, L.,* graminée. — Pomet (p. 94 et ss.) traite des diverses sortes de sucre. Le « *sucre de sept livres* » est de la moscovade grise mise en pains. On le faisait refondre pour obtenir des pains variant de deux à six livres. Ils servaient à faire des sirops et confitures et aussi des présents. — Le pharmacien d'alors raffinait ses cassonnades du Brésil et de Cayenne. Plus tard s'établiront des raffineries à Dieppe, Orléans et Rouen. — (Baumé p. 463 et ss.). — V. n° 205.

(202) Massepains, patisseries formées d'amandes douces pilées et de sucre. On en faisait de deux sortes, les communs et les royaux. (M. rust. II, p. 865 et 866). — Dans le massepain carminatif et dans le massepain pectoral, il entre des drogues généralement purgatives. (N. L. p. 650). — V. p. 56 et la note sur les *macarons d'Amiens.*

(203) Gingembre vert. — V. n°s 120 et 198.

(204) Huile de baies du genévrier, *Juniperus communis, L.,* conifère, tribu des cupressinées. — Excellent purgatif. (P. P. p. 118; Charr. p. 491 et 492 ; M. rust. II, p. 364).

205 It. xvii liv. cassons de chucre à ii sous vi den. chacune
livre, vallent pr.   XLV s.   —
206 It. xxiiii livres de prou-
neaulx pr.   X s.   —

(a) *Trouvé en une autre chambre haulte respondant sur la cour, ce qui s'enssuict.*

(b) *Trouvé en une grand layette de blanc bois.*

(205) *Cassons*, pains informes de sucre, (*chucre* en picard). — La cassonade est de la moscovade grise fondue,
clarifiée, cuite et mise en moules. — En picard, on dit *cas-
tonade* ; or « le sucre en poudre, venait, dit P. P. p. 96,
« souvent en caisses que les Allemands appellent *Kast* ».

Enfin la liqueur épaisse sortie des moules, incristallisa-
ble, a porté successivement les noms de « *syrop de sucre*,
« *miel de sucre, remel, mélasse, doucette*, et dans le com-
« mun du peuple, *merde du Prince d'Orange*, et *merde à
« Marie Graillon.* » (Baumé p. 464). — En picard, *mielasse*,
masculin, dont on faisait des *tablettes*, (Jouanc. v° mielasse),
... sur de vieilles cartes à jouer, ajoutons-nous.

(206) Pruneaux, prunes (en picard, *pronnes*) séchées au
four. Remède très anodin, mais bien plutôt dessert. —
C'est ainsi que Pomet (p. 257) vendait encore des « *quatre
«mendiants* », figues, raisins secs, amandes et avelines. Il est
vrai qu'il n'était que marchand épicier et droguiste.   Addo

> *Fraiche ou sèche, la prune offre un double profit,*
> *Car elle lâche et rafraichit.*

(Ec. SALERNE, § xv, p. 40).

(a) Chambre du premier étage, éclairée par la cour de
la maison portant l'enseigne du Fauconnier.

(b) Coffre de fabrication commune, en bois blanc, auquel convient la qualification d'*omple* du n° 369.

207   Trois quarterons cameline pr.   — xviii d.

208 * It. v quarterons de jus de rigolice fin pr.   vi s.   —

209 * It. une liv. de éléboirre blanc et noire pr.   iii s.   —

210 * It. iii livres de lapdanum pr.   vii s.   —

211 * It. iii quarterons de jus de rigolice commun pr.   iii s.   —

212   It. demi livre de cétouart pr.   xii s.   —

(207) Cameline, *Myagrum sativum*, L., crucifère, qui croît dans les moissons, donnant une huile qu'il ne faut pas confondre avec l'huile de camomille, du nº 264, laquelle est une radiée comme la paquerette. — V. nº 264.

(208) V. nᵒˢ 85, 115 et 211. Ici il s'agit du jus noir ou réglisse de Calabre, concret, en bâtons, comme de nos jours.

(209) Ellébore blanc, *Veratrum album*, L., colchicacée ; Ell. noir *Helleborus niger*, L., renonculacée. « Le blanc « fait éternuer ; l'autre est employé pour les chevaux et les « brebis ». (P. P. p. 69). — V. nº 72.

(210) Peut-être galbanum, résine produite par le *Bubon galbanum* (Charr. p. 223) ; mais plutôt le lapdanum du nº 41. — Ce n'est que plus tard que l'opium préparé à l'eau et évaporé à l'état sirupeux, a pris le nom de Laudanum.

(211) V. nº 208.

(212) Zédoare, *Costus amer*, L. « Entre dans la compo- « sition de la thériaque réformée de M.d'Aquin. » (P.P.p.60 ; N. L. p. 688 ; Charr. p. 97). — Citoual « espèce de zé- « doaire ou gingembre sauvage employé en pharmacie et « confiserie jusqu'à la fin du xviiiᵉ siècle.»(Gay,vº citoual). — En 1520, la forme citoual, se rapprochant de citouart ou cétouart, existait. Ex. : vers 4231 de *Li baus desconneux*,

Encens, gérofle et citoual
Et le canèle et garingal.

213	It. ii livres semence de lai-		
	tures pr.	iiii s.	—
214	It. ung quarteron semence		
	scarolle pr.	— xii	d.
215 *	It. iiii onces demi de semen		
	contra pr.	xxii s. vi	d.
216 *	It. ung quarteron semence		
	d'appe pr.	— xii	d.

(213) Semence de laitues, *Lactuca sativa*, *L.*, de la famille des composées chicoracées. — Nota : Dans tout l'inventaire *semence* est synonyme de *graine*, et est restée en usage en pharmacie, sous la forme latine, dans le *Semen contra* du n° 215. — Les anciens et notamment Dioscoride connaissaient la vertu calmante du *lactucarium*, jus laiteux de la laitue montée, blanc, d'une saveur très amère et d'une odeur assez analogue à celle de l'opium.. (Larousse, V° Laitue).

(214) Semence d'escarole, variété du *Cichorium endivia*, *L.*, potagère, espèce de chicorée à larges feuilles, dite *scarole* en picard, et dont on fait des salades. — V. n° 114.

(215) *Graine à vers* ou poudre contre les vers, *Semen contra (vermes)*. En dragées, elle prend le nom de barbotine (P. P p. 2 ; Charr. p. 875). — « Substance acre, odo- « rante, verdatre, constituée par des fragments de diverses « espèces d'armoises d'orient ». (Littré, v° *Semen contra*). Remède spécial aux enfants.   V. n° 102.

(216) Semence d'ache des marais, *Apium graveolens*, *L.*, ombellifère. « Plante apéritive, fébrifuge, antiscorbutique ; « bonne conserve pour les maux de poitrine ; bonne eau « pour les maux d'yeux ; un cataplasme de ses feuilles sur « les mamelles des nouvelles accouchées est employé en « cas de trop grande abondance du lait ».(M.rust.II,p.352). — Les grecs couronnaient d'aches les sépultures (Amyot).

217	It. ung quarteron semence pourcelaine pr.		— xii d.
218	It. i livre i quarteron de sticades pr.	v s.	—
219	It. i livre demie de sumac pr.	iii s.	—
220	It. i livre semence d'oseille pr.	ii s.	vi d.

(217) V. n° 95. — L'inventaire de Metz ne porte que la porcelaine de mer, coquillage. Il doit s'agir ici du sirop de pourpier réformé. (N. L. p. 263). — Dans Ducange, *porchelaine,* pourpier. — Notons que le bulbe du cyclamen s'appelle communément *pain de pourceaux* ; d'où peut-être est dérivé le mot pourcelaine (???).

(218) *Stéchas citrin* et *Stéchas arabique.* « Leur princi- « pal usage est pour la thériaque ». (P. P. p. 182).

(219) Semence de Sumac. V. n° 47. « Plante tinctoriale, « mais sert aussi pour arrêter les cours de ventre ». (P.P. p. 156). — Les feuilles qui jouissent d'une grande astringence ne sont plus guère employées que dans le midi de la France. — La teinture obtenue à l'aide de graines, surtout du sumac et de la guède, avait une vieille réputation ; témoin ce passage du testament de Jehan de Meung :

Amour domme envers fame n'est mie taincte en graine.

Au xiv° siècle à Amiens, l'industrie de la guède, *Isatis tinctoria*, *L.*, était des plus florissantes. Même aux environs de l'an 1300 : « Les bonnes gens des villes dentour Amiens « qui vendent vuaides ont faicte..... de leurs omonnes » la chapelle Saint Nicolas, à la Cathédrale. (D. N. D. A. t. I, p. 472).

(220) Oseille, *Rumex*, *L.*, polygonée. « Son eau est esti- « mée comme cordiale et rafraîchissante ». (N. L. p. 828)

221 * It. i livre demye de carvy pr.   iii s.   —
222   It. viii livres i quarteron se-
      mences froides pr.   xvi s.   —
223 * It. iii quarterons de jujubes
      secs pr.   iii s.   —
224   It. quarteron demi semence
      d'endive pr.   — xv d.
225 * It. ii livres de fleurs de bu-
      glosse et bourrasses pr.   viii s.   —

(221) Graines de carvi, *Carum carvi, L.*, ombellifère ; graines analogues à l'anis ; se mettent en dragées. Le carvi est une des quatre grandes semences chaudes ou carminatives avec l'anis, le fenouil et le coriandre ou cumin. Les plantes chaudes (il y en avait de quatre degrés ou sortes) « atténuent, ouvrent, détergent, raréfient, digèrent, atti« rent suivant leur degré de chaleur ». L'école de Salerne consacre un article spécial à chacune de ces plantes carminatives, si recommandées contre les flatuosités. — V. n° 253.

(222) Les semences froides sont de deux sortes :

1° Majeures : Concombre, melon, citrouille et courge ;
2° Mineures : Laitue, endive, chicorée et pourpier.

— « Les plantes froides qui sont de quatre sortes, bou« chent, épaississent, repoussent plus ou moins, selon leur « degré de froideur ». — V. le n° précédent.

(223) Jujube, fruit du *Ziziphus communis, L.* — Bien qu'il figure dans la seconde colonne avec une astérisque, le jujube n'entre plus dans la pâte qui porte son nom.

(224) Semence d'endive. — V. n° 114.

(225) Buglosses et bouraches, fleurs mélangées comme cordiales ; on y ajoutait parfois la violette (N. L. p. 6). V. n° 190. — Cf. la *tisane* dite des *quatre fleurs*.

226   It. demie livre de epitimi pr.   — xv d.
227 * It. ıı onces de semence de
      marjolaine pr.   ııı s.   —
228   It. c livres de cerise pr.   xv s.   —
  (a) It. cent potz eaux en plusieurs
      bouteilles, prisés chacun pôt ıı s. sont x liv.

(226) « Epithym, plante semblable à des cheveux, qui se
« trouve sur le thym, d'où son nom ; entre dans plusieurs
« compositions galéniques » (P. P. p. 185). — Ne pas le
confondre avec l'*épithème* : « médicament topique autre
« que l'onguent et l'emplâtre ». (Littré, vᵒ épithème) ; « sorte
« d'emplâtre dans lequel il n'entre ni stéarate de plomb ni
« résine, ni corps gras ». (Dorvault offic. et Larousse,
vᵒ Epithème, — V. Charr. p. 425 et ss. — L'épithème de
Pomet est encore au codex qui porte la date de 1732.

(227) Marjolaine, *Origanum majorana*, *L.*, labiée ; plante
aux vertus très nombreuses (N. L. p. 996). — Marjoller,
far l'atto. — On appelait « *marjolet* un jeune godelureau ; ce
« nom vient de la fleur de marjolaine, comme celui de
« *muguet*, de celle de ce nom ». (Rab. t. III, p. 468). —
Mêmes propriétés que le sauge officinale. Autrefois on faisait un onguent de marjolaine dans lequel entrait du beurre
du nᵒ 273. — S'emploie parfois encore comme condiment.

(228) Probablement conserves de cerises, *Cerasorum
conserva*. — L'opération du séchage des cerises est tout au
long décrite (M. rust. II, p. 232). Elle exige un four. On
a vu (p. 51), que J. de Louvegny en avait un dans son
laboratoire. — Le sirop de cerises est rafraîchissant ; la
tisane de queues de cerises est encore employée comme diurétique ; la gomme du cerisier remplace la gomme arabique.

(a) Sur les *pots* mesures, V. nᵒ 340. — Il peut s'agir ici
tout aussi bien d'eaux pharmaceutiques que d'eau distillée, mais non d'eaux spiritueuses d'un prix assez élevé.

229 * It, xvi potz eau rose à iiii s.
chacun pot, sont   lxiiii s.   —
230 * It. iii potz d'eaue de vye pr. xviii s.   —
231 * It. une livre d'euforbe pr.   viii s.   —
232   It. demie livre de noix de
cipre pr.   ii s.   —
233   It. iii livres demie de boul-
larmini pr.   — xviii d.

(229) *Aqua cupularum rosarum* (codex de 1732). — Propriétés extrêmement nombreuses (N. L. p. 202 et 830).

(230) L'alcool ou esprit-de-vin a, paraît-il, été inventé par Arnauld de Villeneuve, médecin de la fin du xiii° siècle. Il en fait grand éloge dans son « *Traité de la conservation « de la Jeunesse* ». « Cette eau, dit-il, est l'*eau de vin* ; mais « le nom d'*eau de vie* lui convient, car elle prolonge la « santé et dissipe les humeurs superflues, ranime le cœur. » On sait qu'en 1387, on enveloppa Charles le mauvais, roi de Navarre, dans un sac trempé d'eau-de-vie pour lui rendre sa chaleur naturelle, et que le malade mourut dans les flammes, par la maladresse d'un de ses domestiques (Chér. v° Eau-de-vie). — L'eau-de-vie pharmaceutique (de 45 à 60 degrés centigr.) doit être, même de nos jours, extraite du vin seulement. — Pomet déjà (p. 250) constate les tristes effets de l'eau-de-vie ; id. Baumé, p. 386. — V. note, p. 6.

(231) Gomme résine d'euphorbe. — V. n° 187.

(232) « *Oiselets de Cypre* », sorte de nos pastilles du sérail (Charr. p. 428), « parfument les appartements et en « chassent le mauvais air ».(Baumé p.618). — V. n° 52 et 58.

(233) Bol d'Arménie ; marne desséchée ou terre argileuse diversement colorée, tonique et astringente. — Le bol de Bohême ou de Hongrie ne diffère pas de la terre sigillée du n° 79. — La terre Cimolée est aussi un bol d'Arménie, tantôt blanc, tantôt rougeâtre. On l'employait comme dessiccatif, fortifiant, hémostatique et astringent.

234   It. demie livre de scordium
       pr.   — xviii d.

235 * It. i liv. d'aristologe longue
       pr.   ii s. vi d.

236   It, iii onces d'armodates pr.   — xii d.

237 * It. iii quarterons et demi de
       cyre blance pr.   vi s. vi d.

238   It. demie livre de rachine de
       tunin pr.   — xv d.

(234) *Teucrium scordium*, L., ou chamaras, labiée. (P. P. p. 161). — « Electuaire contre les fièvres malignes, les « pestes, et aussi les vers... » (N. L. p. 696).

(235) V. n° 78. — *Adde :* Charras p. 210.

(236, Hermodactes ; « tubercules du Levant, *Colchicum variegatum*, L. « Entrent dans plusieurs compositions ti- « rées exclusivement des végétaux et dites galéniques, du « nom de Galien ». (Charr.p.123).— Alexandre de Tralles, médecin grec du vi° siècle, préconise le premier l'hermo- dacte contre la goutte. — « Au lieu de sabin (sabine,espèce « de genévrier) on prendra de la pouldre de hermodacte « bruslée ». (A. Paré, V. I.) — Etym : Doigts de Mercure.

(237) Cire blanche, plus employée dans le commerce que dans la pharmacie. (P. P. p. 55 ; Charr. p. 618 et ss.) — Elle entre dans des cérats additionnée généralement de blanc dit de baleine, mais en réalité provenant du cachalot.

(238) Racine de bétoine, *Radix tunici*, L., labiée. — « Sirop simple, bon pour le cerveau et provoque les uri- « nes. ». (N. L. p. 265). — Pomet (p. 161) se contente de mentionner la bétoine avec une cinquantaine de plantes qu'on trouve chez l'herboriste « se réservant de vendre « les sels qu'on en tire, comme étant un fait de chymie. » En revanche, la bétoine est exaltée comme une panacée dans la Nouvelle Maison Rustique, (II, p. 557).

239   It. demi livre de dixtami pr.   — xviii d.
240 * It. i livre iii quarterons de
        quantarides pr.   xviii s.   —
241 * It. iii livres copporo blanc pr.   vi s.   —
242   It. v livres un quarteron de
        boullarmini blanc pr.   ii s.   —
243 * It. vi livres demi de blanc de
        plomg pr.   xii s. vi —

(239) Racines de dictame blanc ou *fraxinelle* (en raison de la ressemblance de son feuillage avec celui du frêne), *Dictamus alba*, L., labiée. « Sa racine est alexétaire et « propre pour les morsures des bêtes venimeuses... » (P. P. p. 75). — Les anciens la considéraient comme un puissant vulnéraire. — « Les cerfz et bisches, navrez pro- « fondément par traitz et dardz, s'ils rencontrent le dic- « tame, et en mangent, soudain les flesches sortent hors ». (Rab. II. p. 250). — Ajoutons que, au figuré :

La douceur néanmoins est le meilleur dictame.
Que l'on puisse appliquer aux maux d'une belle ame.

(MAIRET, Soph. II, 4).

(240) Cantharides, pour vésicatoires (P.P. p. 46 ; Charr. p. 241).— Dioscoride et Pline en font déjà mention, comme étant un remède souverain contre la lèpre.

(241) Couperose blanche, sulfate de zinc, employée par les peintres, et un peu aussi en pharmacie, en collyres. (P.P. p. 37) ; entre dans la composition de l'eau d'Alibour ou collyre de St Jerneron.

(242) Bol d'Armenie blanc. V. n° 233. — On nomme aussi *Bol* : une portion d'électuaire, mou et long, à prendre en une seule fois dans du pain à chanter. (Franck. p. 161).

(243) Blanc de plomb, céruse, blanc d'argent, sous-carbonate de plomb. — « Inemployé en pharmacie, très dan- « gereux, tant à mettre en poudre qu'à broyer ». (P P.p. 44).

244	* It. xii livres litarge d'or pr.	x s.	—
245	* It. xii livres de litarge d'ar- gent pr.	vi s.	—
246	It. viii livres bousse pr.	vi s.	—
247	* It. ii livres demi souffre pr.	xv s.	—
248	It. ii livres de ciperon pr.	ii s.	—

(244) Protoxyde de plomb dont la couleur se rapproche de celle de l'or. — Nombreux emplois en industrie et aussi en pharmacie pour emplâtres. (P. P. p. 47). — V. n° 4.

(245) Protoxyde de plomb blanc. Mêmes usages qu'au numéro précédent. *Adde :* N. L. p. 113. — C'est avec ces deux litharges des numéros 244 et 245 qu'on prépare les emplâtres proprement dits ou stéarates. — V. n° 6.

(246) Bouse, fiente de bœuf ou de vache, vraisemblablement pour cataplasmes. — V. dans Charras, la fiente de l'homme, p. 603 ; de cigognes, p. 617 ; de paon, p. 624. — La fiente de lion entre dans l'onguent épileptique. (N. L. p. 956). — Cf. les crottes de chien employées de temps immémorial pour blanchir les peaux de gants. (*Le mariage de Jeannin et Prinne*). (Bib. Amiens, Belles lett. n° 1927).

(247) Soufre, natif ou vif, préparé ou mort, en fleur ou en bâtons. « La véritable fleur de souphre est un baume na-« turel pour les poulmons et est doüée de tant de belles « qualités que je n'aurais jamais fini, si je voulais entre-« prendre de les décrire toutes ». (P. P. p. 91). — A cause de son inflammabilité et de sa couleur, on appelait la poudre de lycopode, *soufre végétal*. (Baumé p. 639).

(248) Racine du souchet odorant, *Cyperus longus*, L., sorte de roseau, de la famille des Cypéracées. — Il y en a deux sortes « le souchet rond qui, concassé dans du vin « blanc bouillant, est un bon remède pour guérir la coli-« que, et le long qui est de quelque usage en médecine, « mais assez employé des parfumeurs et des gantiers ». — (P. P. p. 66).

249   It. iiii livres demi polipode pr.   iii s.   —
250 * It. vi livres coppero vert pr.   iii s.   —
251   It. i livre demi gracia Dei pr.   — xviii d.
252   It· iii livres de diaculum
         rouge pr.   iiii s. vi d.
253   It. i livre demi scoriando pr.   — xii d.

(249) Racine du polypode du chêne, *Polypodium vulgare, L.*, fougère (P.P.p.261). — On s'en servait en bouillons de *poirée* (légumes en picard, d'où rue des Poirées, à Amiens) pour se faire bon ventre. — « Mise dans le nez, « elle consume le *noli me tangere* ». Pline l.. xxvi, ch. viii. — « Ses racines sont apéritives ; sa poudre est bonne « dans l'hypocondrie et l'asthme ». (M. rust. II, p. 372).

(250) Couperose verte, sulfate de fer, vitriol vert ou sel de Mars.— « Contre les obstructions.» (P. P. p. 11 et ss.).

(251) Emplâtre *gratia Dei* de Nicolas. V. nº 86. — « La « gratiole purge par haut et par bas. » (M.rust. t.II,p.364). — « Elle purge autant que le sené ; mais comme elle vient de « chez nous,nous n'en faisons pas grand état. » (P.P.p.147).

(252) Diachylon rouge. V. nº 87.

(253) Coriandre. *Coriandrum sativum, L.,* ombellifère ; (Charr. p. 246). — On trouve dans A. Paré, ce nom souvent accolé à ceux d'anis, de fenouil et de noix de muguette. — Moins employé en médecine, que par les brasseurs et les confiseurs. (P. P. p. 15). — V. nº 221.

> *Pour l'estomac vous pourrez prendre*
> *De la graine de coriandre.*
> *Les vents à son approche, ou par haut, ou par bas,*
> *Sortent à petit bruit et même avec fracas.*
> (Ec. SALERNE, p. 47).

Aussi, à l'exemple des Orientaux, nos pères n'emprisonnaient-ils jamais le loup dans la bergerie ; c'est que :

> *Quatuor ex vento veniunt in ventre retento,*
> *Spasmus, hydrops, colica et vertigo : haec res probat ipsa.*
> (Ec. SALERNE, p. 61).

254	It. xii livres de semence de agnez pr.	vi s.	—
255	Is. ii livres de luppins pr.		— xii d.
256 *	It. i livre huille d'aspic pr.	xii s.	—
257 *	It. i livre huille pétrolle pr.	x s.	—
258	It. vi livres huille de violles pr.	xii s.	—
259	It. iii livres cirop lénufar pr.	vi s.	—

(254) Semence d'aneth, *Anethum graveolens*, L., ombellifère. « Le *fenouil tortu* ou *mchon* est alexitaire, (alexitère, « contrepoison), sudorifique et diurétique ». (P.P.p. 78).— V. n° 266. — La graine d'aneth entre dans la choucroute.

(255) Semence de lupin, *Lupinus albus*, L., légumineuse; une des quatre grandes farines résolutives des anciens, d'après Littré. — D'après le même auteur, « l'étymologie « de lupin serait *lupus*, loup, parce que cette plante dévore, « épuise la terre, et que sa graine n'était bonne que pour les « loups ». — Cette seconde étymologie concorde avec ce fait que le lupin, ou *pois d'esclaves* était la nourriture des galériens. (M, rust. II, p. 127) Mais dans le même ouvrage t. I. p. 538) les lupins sont représentés comme faisant d'excellents engrais. S'il en est ainsi, la première étymologie proposée par Littré doit être repoussée. — (???)

(256) Huile d'aspic. — V.n° 174. *Adde* : « Elle entre dans « plusieurs compositions galéniques, mais sert surtout aux maréchaux ». (P. P. p. 184).

(257) Huile de pétrole, « employée surtout par les maréchaux et les artificiers ». (P. P. p. 95). — Cet article et nombre d'autres indiquent que Jehan de Louvegny tenait aussi des articles de mercerie, d'épicerie, d'herboristerie, etc.

(258) Huile de violettes. — V. n° 165.

(259) Huile de nénuphar. — V. n° 182. *Adde* : « Calme les ardeurs de Vénus ». (N. L. p. 252).

260	It. demye livre sirop d'absinte pr.		— xii d.
261	It. demye livre sain d'oison pr.		— xii d.
262	* It. i livre huille de rue pr.	ii s.	—
263	* It. ii livres huille melilot pr.	iiii s.	—
264	* It. viii livres huille de camomille pr.	xvi s·	—
265	* It. iiii livres miel rozart pr.	vi s.	—
266	It. vi livres huille d'agnet pr.	xii s.	—

(260) Sirop d'absinthe. « Digestif, fortifie l'estomac, tue « aussi les vers ». (N. L. p. 187). — V. n°⁵ 189 et 271.

(261) *Sain* (axonge) d'*oison*, (*oue*, oie) ; d'où sain d'oue, puis saindoux ; *Axungia anseris*. (Inv, Metz). « Entre dans « l'onguent *Citréum*. (N. L. p. 1094). — Aujourd'hui on « nomme saindoux la panne ou graisse de porc préparée ; « amollissante, résolutive ». — (M. rust. II. p. 845 ; Baumé, p 163). — Dans Littré, étym. : sain doux, (sans âpreté).

(262) Huile de rue. — V. n° 164.

(263) V. n° 89. « On en fait une drogue excellente pour « les yeux ». (P. P. p. 161 ; N. L. p. 280). — « A Amiens, « au lever du soleil, le 24 juin, on partait à la recherche des « *Herbes de la St Jean*,, surtout du mélilot odorant, légu- « mineuse indigène, qui, porté à la ceinture, sauvegardait « de tout maléfice, ou qui, placé dans les granges en éloi- « gnait infailliblement les risques d'incendie, les rats et les « souris. » (Journal d'Amiens, 24 juin 1906, anonyme).

(264) De la famille des radiées. — V. n° 207.

(265) « Le miel rosat est détersif, astringent et employé « pour les gargarismes ». (N. L. p. 78). — V. n° 73.

(266) V. n° 254. « Les aneths sont estimés stomachiques, « et servent de condiments dans plusieurs pays ». (Dorvault offic. v° Aneth).

267	lt. ii livres d'onguement agrate pr.		iiii s.	—
268	lt. i livre huille de coings pr.		ii s.	.--
269	lt. demye livre huille mastic pr.		ii s.	—
270 *	lt. vii livres huille de lin pr.		xvi s.	—
271	lt. iii livres huille d'absinte pr.		viii s.	—

(267) V. n° 160. *Addc* : « L'onguent à base de brione « ou d'iris, résout les tumeurs, est bon pour l'hydropisie et « l'obstruction de la rate ». (N. L. p, 1084 ; Baumé p. 725).

(268) V. n°ˢ 63 et 96. *Adde* : « Les folz médicins ordon- « nent à ceux qui montent sus mer, et pour éviter toute « perturbation d'estomach ne de teste, de user de chair de « coingz, de escorce de citron, de jus de grenades aigres » doulces... ». (Rab. II, p. 36). — « L'huile de coings est « excellente pour les faiblesses et les dévoyemens de l'esto- « mac et des intestins ». (Charr. p. 540). V. n° 63.

(269) V. n° 25.

(270) Huile de lin, *Linum usitatissimum, L.*, de la famille des linées. — Cette huile sert surtout aux peintres et vi- triers. (N. L. p. 977). — Pomet et Baumé n'en parlent pas. On connaît au contraire le grand emploi de la graine et surtout de la farine de lin notamment en cataplasmes.

(271) Huile de sommités d'absinthe. V. n° 260 et N. L. p. 980. — On remarquera que nos pharmacies modernes ne vendent plus, comme médicament du moins, aucune de ces huiles essentielles tirées des plantes dont la boutique de Jehan de Louvegny était si fournie. — Dans Baumé, on en trouve encore cinquante quatre. Aujourd'hui quelques unes seulement sont employées par les parfumeurs.

272	It. ıı livres d'huille de re-gnard pr.	ıııı s.	—
273	It. ıı livres burre de may pr.	ıı s.	—
274 *	It. demye liv. d'alun cuyt pr.	— xvııı	d.
275	It. deux livres demye d'ar-ragum pr.	ıı s. vı	d.
276 *	It. deux livres de mellis d'areticy pr.	ıı s. vı	d.
277 *	It. ıııı livres cirop pavo pr.	ıx s.	—

(272) Huile de renard contre la goutte, les rhumatismes, les humeurs froides, etc. (N. L. p. 1012 ; Charr. p. 333). — Pomet (p. 41), est muet sur l'huile de renard, et au contraire cite sa graisse « comme admirable pour guérir les douleurs « d'oreilles et les convulsions. » — Cf. la moderne *Pommade du Lion* contre la chute des cheveux.

(273) Beurre de mai conservé surtout pour la prépara-tion de l'onguent de beurre réformé (N. L. 1100). — Sur *Bure, burre*, V. Réb. pic. p. 172. — « ııı livres de bure à « 18 deniers la livre sont vı solz ». 1557. (Jouanc. vᵘ bu-rière). — V. nᵒˢ 129 et 227.

(274) Alun cuit, brulé ou calciné; « est réputé pour con-sumer les chairs ». (N. L. p. 935). — V. nᵛˢ 81 et 82.

(275) Onguent Arégon de Nicolas de Salerne, prépara-tion compliqué et bizarre, qui « purge les vents et excite « l'accouchement ». (N. L. p. 1089).

(276) Mélisse. *Melissa officinalis, l* — Le sens du mot Areticy nous échappe. — « Bonne pour les apoplexies, les « paralysies et les léthargies ». (P. P. p. 161 ; N. L. p. 841 ; M. rust. II, p. 368). — L'eau de mélisse des Car-mes est connue de temps immémorial. Le célèbre médecin Fernel, né à Clermont (Oise) en 1497, et par suite contem-pòrain de Jehan de Louvegny, en fait le plus grand éloge.

(277) Sirop de pavot, *Papaver somniferum, L.* (N. L. (N. L. p. 254 et 255). — Sédatif très employé encore de nos jours. V. nᵒ 283.

278	It. 1 livre onguement à vers pr.	IIII s.	—-
279	It. 1 livre cirop rosart pr.	III s.	—
280	It. livre demie huille de mirtille pr.	III s.	--
281	It. 11 livres huille vers pr.	IIII s.	—-
282	It. Agrippe et huile romarin v quarterons pr.	II s. vi d.	

(278) Onguent de vers de terre. — *Adde* : « Bon remède « pour toutes les douleurs, les tumeurs et les dislocations ». (N. L. p. 1002 ; Charr. p. 620). — V. nᵒˢ 184 et 281.

(279) Sirop de roses. — Les sirops de roses sont extrêmement nombreux. — V. N. L. à ce mot, table, p. 1250.

(280) Huile de myrtille. (N. L. p. 979 ; P. P. p. 26). — Myrte, *myrthus communis*, *L.* — Le myrthe était, chez les anciens, consacré à Venus. — « Le fruit du murte, appelé « myrtil, sont des baies enfermant la graine ». (O. de Serres, 554). — L'eau distillée de ses fleurs, dénommée *Eau d'ange* était très estimée, comme tonique et taenifuge.

(281) V. nᵒˢ 184 et 278. *Adde* : « Préparation : Vers de « terre vivants, huile d'olives et vin, comme pour les hui- « les de lézards verds, de crapauds, de grenouilles, etc. — « L'huile de vers ramollit, fortifie les nerfs ; elle est bonne « pour les douleurs des jointures, pour résoudre les tu- « meurs, les dislocations et les foulures ». (Baumé p. 689).

(282) Agrippe, doit vouloir dire Agrippa. V. nᵒ 160. — Huile de fleurs de romarin, *Oleum anthos* ; (N. L. p. 980). — Le romarin, *Rosmarinus officinalis*, *L.*, donne des sommités fleuries, employées encore mais très rarement comme stimulant. — « L'huile de romarin ou quintessence de ro- « marin est employée pour la guérison des plaies et surtout « en parfumerie... L'eau tirée de ses fleurs dite *Eau de la* « *Reine d'Hongrie*, a douce et suave odeur et des vertus si « authentiques que ie n'en diray rien ». (P. P. p. 184).

283	It. ii livres huille pavot pr.	iii s.	—
284 *	It. c livres d'encens pr.	xxx s.	—
285	It. vi livres huille rosart pr.	xii s.	—
286 *	It. ung quarteron pillures bichée pr.		— xii d.
287	It. une livre de logenge pr.	iii s.	—
288	It. une demie livre de dra-gée perlée pr.		—xviii d.

(283) Huile de pavot. (N. L. p. 976). V. n° 277. — C'est l'huile blanche d'œillettes, mot corrompu d'*olivette* (petite olive). — Les semences servent encore à Nesle (Somme), le jour de la fête, à faire les « *tartes as* (aux) *œillettes* ».

(284) Encens, résine appelée en pharmacie oliban. (P.P. p. 270 ; Charr. p. 221). — Employé comme fumigatoire et contre le rhumatisme, entre dans la thériaque. — Pour avoir tant d'encens en réserve, Jehan de Louvegny devait être le fournisseur des nombreux couvents de notre ville.

(285) Huile rosat ; « très chère et très inutile ». (P. P. p. 176 ; N. L. p. 979) .. comme un grand nombre d'autres.

(286) *Pilulae (ara) bicae* de Nicolas. « Elles abattent les « vapeurs, éclaircissent la vue, provoquent les menstrues ». (N. L. p. 565). — V. offic. Dorvault, v° pilules arabiques. — *Pillouères*, dans la farce de Maître Pathelin.

(287) Probablement lozanges d'opium, composition ou électuaire solide de *laudanum* opiatum. (P. P. v° opium).

(288) Dragées arrondies en forme d'olives ou de perles. Littré v° perler). — « S'il y entre autre drogue que fruits « et sucre, elles sont un fait de pharmacie ». (N L. p.100). — Dans Ducange, *Pignolat* : dragée faite du noyau de la pomme de pin. — C'est à coup sûr de l'invention des dra-gées perlées, recouvertes d'or et d'argent, que datent les locutions populaires : « *Avaler la pilule, dorer la pilule* »

De l'économie de cet inventaire il résulte à l'évidence que les découvertes, pourtant déjà si importantes de Raymond Lulle, d'Albert le Grand et autres *chercheurs du grand-œuvre* demeurés inconnus (1), n'avaient point encore apporté à la médicamentation d'alors leur précieux adjuvant. Le galénisme, infatué de son passé, repoussait les trésors de l'alchimie ; et, quand on songe que le *jardin des simples* était alors encore en pleine floraison, peut-on tenir rigueur à Jehan de Louvegny de n'accueillir que timidement des innovations auxquelles ses illustres contemporains et compatriotes, Fernel et Sylvius (2) se montraient eux-mêmes assez réfractaires ?

(1) Extrait de saturne : carbonate de plomb ; Raymond Lulle. — Foie d'antimoine : Sulfure d'antimoine et de potasse ; inconnu, xvᵉ siècle. — Safran des métaux, sulfure d'antimoine fondu avec de la potasse pulvérisée ; inconnu, xvᵉ siècle. — Foie de soufre : sulfure de potassium ; Albert le Grand. — Vinaigre de saturne : acétate de plomb ; Raymond Lulle.

(2) Citons néanmoins le sel fébrifuge de Sylvius, (chlorure de potassium). — Sur Sylvius, v. p. 72, note 3.

CHAPITRE X

Inventaire des meubles et objets mobiliers du 17 Août 1520.

(N°s 289 a 402 inclus)

289 *Thierchain*.

(289) Le Thierchain est un alliage d'étain et de plomb. L'étain pur était, avec l'or et l'argent, un des trois *métaux nobles* dont on faisait les burettes, les calices, etc., destinés au service du culte. — L'étain avec 2 0/0 de plomb recouvre le chocolat ; l'alliage 4 0/0 est très rare ; le *titre* avec 16 0/0 entrait dans la composition des mesures d'étain pour les boissons. — Enfin la *claire*, notre thierchain, avec 35 0/0 de plomb, forme la poterie d'étain la plus commune. (Riche, p. 313).

— « Tous maistres, ouvriers et aultres... seront tenus « de faire ouvrages tout de fin estain ou qu'il y ait du « moins les deux pars d'estain et le dernier tiers de ploncq ». (Statuts des potiers d'étain d'Amiens, du 23 mars 1407 ; Aug. Th. p. 43). — « Celui qui vend ung pot de *tierschain* « au lieu d'ung pot d'estain encourt amende de xx s. ». (Péronne, compte 1555 ; La Fons-Mélleocq ; Ms. Blb. Amiens). — V. n° 339.

L'étymologie de tierchain, tirée de *Bladum tertianum* ou *tertionarium*, blé mêlé de trois sortes de blé, (Ducange v° tierchain) nous paraît discutable. L'idée de un tiers d'étain et deux tiers de plomb a bien dû plutôt y présider, puisque le tierchain est un alliage composé non pas de trois mais de deux métaux seulement.

(a) *Trouvé en l'ouvroir dudit hostel.*

290 It. xɪɪɪɪ boittes couvertes de tierchain pesant
  ensemble ʟvɪɪɪ l. demie au prix de ɪɪ s. vɪ d.
  la livre font   vɪɪ l. xɪ s. ɪɪɪ d.

291 It. xɪɪ petites quennes aussi de
  tierchain, pesans ensemble dix
  huit livres aud. prix sont   x l. v s.   —

292 It. dix pots à biberons aussi de
  tierchain pesans ensemble xxxɪɪ
  livres demie aud. prix vallent ʟxxvɪɪɪ s. ɪɪɪ d.

293 It. ung mortier de potin pesant vɪɪɪ l. demie au prix xv d.
  le livre vaut   x s. vɪɪ d.

(*a*) Sur l'ouvroir, *ouvrouer, ouvreur* (dans Dehaisne),
v. p. 37 et ss. — Ducange appelle *hostel* : toute espèce de
maison ou de logement. Ce mot a conservé ce sens particulier dans le langage du palais, où un magistrat peut « ré-
« pondre, en son hôtel, une ordonnance de référé ou un
« permis de citer à bref délai ». (Art. 808 c. pr. c.).

(290) Sur les boites V. p. 39 et nᵒˢ 190 a à j et 198. —
Item, « de même » en latin, « est resté en picard équiva-
« lent du français : Soit, j'y consens ». (Jouanc. vᵒ Item).

(291) *Quenne*, pour Canne, de *Canna*, gros vase, cruche.
Remarquer cette substitntion de l'E à l'A en Picard : marque, *merque* nᵒ 362 ; *sarge,* serge nᵒ 397 ; *arain*, airain,
nᵒˢ 296, 297 ; arche, *airche* ; âtre, *aitre* ; etc., etc.

(292) Vase à pied, à couvercle mobile, à anse et muni
non d'un bec mais d'un tube creux ou goulot, partant à
45 degrés du 1/3 supérieur de la hauteur de la panse et
permettant de verser le liquide avec plus de sureté. — V.
dans Havard, vᵒ biberon, un de ces pots en faïence de Nevers.

(293) *Potin* ou *potain*, « métal factice, composé de déchets
« et lavures de cuivre auxquels on mélange du plomb. Déjà

294 It. ung aultre petit mortier
et ung pillon pesans ensemble
vi liv. demie audit prix vallent   viii s. iii d.

295 It. ung aultre grand mortier
pesant iiii vingts xviii liv. aud.
prix vaut.   vi l. i s. vi d.

296 It. cinq espatures d'airain
prisez.   iii s.   —

297 It. huit balanches à plateaulx
d'arain tant grandes que pe-
tites prisées ensemble.   xii s.   —

298 It. xlvi boites de bois paintes
prisées ensemble.   xxx s.   —

« employé au moyen-âge pour fabriquer les ustensiles de
« cuisine ». (Hav. v° potain. . . — Le potin est sensiblement
l'alliage dit *métal anglais*, dans lequel entrent de l'étain, du
cuivre et un peu d'antimoine. — V. n° 289.

(294) Sur les mortiers et leurs pilons ou pestaux. V. p.
note p. 42 et n°ˢ 295 et 321.

(295) Ce mortier, en raison de son poids, ne devait pas
être en potain comme ceux des n°ˢ 293 et 294, mais en
bronze. Il était placé, à poste fixe, sur un billot de bois, à
la disposition du garçon ou du pileur de la page 49.

(296) Spatule. — « *Spature* et *espatule*, dans A. Paré ».
V. Littré, v° spatule. — Airain : alliage de cuivre et d'étain
et parfois de zinc ; synonyme de bronze. (Hav. v° airain).

(297) C'est la balance suspendue au plafond (V. Reb.
pic. p. 11), encore en usage chez les épiciers de nos campagnes. — La balance, dite *Trebuchet*, destinée aux petites
pesées, était tenue à la main. Ex. celle du changeur et de
sa femme du tableau de Marinus au musée de Madrid.
(Hav. v° trébuchet).

(298) « Les boites, dit Lémery, (p. 55) doivent être faites
« d'un bois le moins sujet aux vers. On leur donne telle
« forme qu'on veut ; mais la carrée est la plus or

299 It. une petite monstre de
bois de quenne prisée.   viii s.   d.
300 It. ix liv. demie de poix de
plomb en plusieurs pièces
prisées.   iiii s. vi d.

« dinaire ; elles sont employées pour y loger les drogues
« simples séchées, comme le sené, l'agaric, la rhubarbe ». —
Jean de Renou, qui écrivait vers 1607, nous parle encore
« des boëtes et coffrets embélys de toutes sorte de pain-
« tures récréatives comme peuvent être cerfs volants, *vié-
« dazes* empennés, centaures à cul pelé, *oisons bridés,*
« *cannes bastées* et aultres semblables entre les quelles on
« a accoustumé de laisser au petit vuide quarré pour y ins-
« crire en lettres d'or ou d'azur le nom de la drogue ».
(Ren. p. 482). — *Viedazes.* V. Ducange, v^{is} *vectis* et *virga*
et Toubin, à ce mot. — *Oisons bridés* par une barre de bois
dans le bec les empêchant de traverser les haies ; *cannes
bastées*, canes chargées d'un bât. (Frank. p. 17). — Les
boites en bois devaient être bien curieuses, si elles étaient
peintes par les enlumineurs des chefs-d'œuvre du Puy-
Notre-Dame ; nous avons indiqué leur provenance probable p. 190. — Les boites pour fruits secs s'appelaient des
galons (P. P. p. 258) ; on les faisait venir de la Franche-
Comté. (Hav. v° gallon). — *Adde* : 1° « (1471) une petite
« boueste à facson de boueste d'apothicaire, painte à feuil-
« lages en faczon de drap d'or. (Invent. du roi Réné à
« Angers). — 2° Boettes de pin ou de sapin qui sont, au rapport d'Ambroise Paré (1573), « paintes par dehors avec
« or et azur et dedans pleines de poison » (Gay. v° Boite).
— V. enfin, p. 39 et n° 190.

(299) *Monstre*, vitrine ou armoire vitrée dont la carcasse
est en chêne. On y exposait les *bibelots* d'alors.

(300) *Poix* pour poids, orthog. courante de l'époque.
— Havard ne cite pas le plomb employé comme poids à
peser ; l'aurait-il donc été exceptionnellement à Amiens ?

301 It. un petit marc non fourni
prisé.   — xv d.
302 It. iiii tamis avec deux en-
tonnoirs prisez.   ii s. vi d.
303 It. une escriptoire de bois pr.   —xviii d.
304 It. une eschelle, une escame
à mectre à l'huis avec un
maule de bois prisez.   ii s,   —

(301) Il ne s'agit pas ici du marc poids ; mais du poids d'un marc composé d'une série de poids en cuivre emboités les uns dans les autres et enfermés dans un tronc de cône, généralement orné et toujours fermé. Celui du présent numéro est non fourni, c'est-à-dire dégarni de sa série. Il n'en reste que l'enveloppe. — Le « *Marc d'or* » est encore une enseigne d'auberge d'Amiens, rue de Beauvais.

(302) *Tamis*. Il s'en faisait en soie, et en étamine, étoffe d'Amiens. — *Entonnoirs :* Ceux en « *blanc fer* », suivant Havard (v° entonnoir), figurent pour la première fois dans les comptes de la ville d'Amiens en 1432.

(303) L'escriptoire d'alors contenait outre l'encrier, les plumes et le canif, des ciseaux, des balances, des poids, etc. Hav. (v° Ecritoire). C'était en réalité un nécessaire ; celui-ci était des plus simples, à en juger par son estimation d'inventaire et l'absence de description de son contenu.

(304) Une *Echelle*. — La forme actuelle est *equelle*. — *Escame* a le sens de table, d'escabeau, de tabouret, dans Gay et Havard. Dans un inventaire à Amiens de 1557, Jouanc. a trouvé, comme dans notre espèce « une petite escame à « mectre à l'huis de la dite maison pour asseoir ung « homme » — *Avec* n'indique aucune relation entre l'escame et ce qui suit ; il est synonyme de *et* disjonctif. — *Maule* de bois ; en picard on dit *molin* pour moulin, du latin *mo lere*, moudre. Jouanc. cite « les molins de Mez-lez-Amiens

305 *Trouvé en la Sallette bas.*
306 Une cramelie à trois branchons, une pallette, une main
de fer prisez ensemble.   VI s.   —

« l'un des quels est à usage de *maulre bled* et l'autre de
« *maulre écorches* » (1394). — Peut-être s'agit-il ici d'un
maule, moulin à épices. — Cf. dans Charr. op. cit. fig. 4 le
dessin d'un moulin d'acier ; dans God. *Molel* : meule de
moulin : dans Roquefort, maule, (de *mola*) même sens.

(305) Sallette bas. — V. le laboratoire décrit p. 48 et ss.

(306) *Cramelie* (crémaillère) à trois *branchons* (branches
ou *mentonniers*). — Jouancoux, v° *Cramillie*, cite notamment
deux inventaires : « une cramellie à iii branchons » (1557) ;
« une cramélie à 3 mentonniers » 1745 ; dans Havart. Crémaillère à triple crochet, pour suspendre les marmites.

> *Ein' cramilli' si bell', qu'ein' qu'miné d'abbye*
> *A' n'n airoit paré sén foyer.*

> (R. de Guyencourt, *Atrinquillage*, Amiens, 1903, p. 22).

— *Pallette*, petite pelle en forme de cuiller, appelée
aussi en picard *amiteuse*, par les *hortillons* (maraichers).

> *L' palette à ches brav' travailleus*
> *Qui feum't-e leus pipes d' rachaine*
> *Tend l' brais' ;*

> (R. de Guyencourt. *Atrinq.* p. 48).

— *Main de fer.* S'agit-il ici du crochet destiné à enlever
les marmites pendues aux branchons de la crémaillère ? —
Ne serait-ce pas plutôt les pincettes à charnière, les *épinches* qu'on trouve très souvent associées à la crémaillère.
V. Jouanc. v° épinches). — Aujourd'hui à Amiens, on
nomme souvent *main de fer*, une pelle à main, affectée au
charbon des foyers en fonte, cuisinières, sébastopols, etc.

307 It. ung grande pot de fer fon-
tis prisé.   — vi d.

308 It. ung coquemart de potin
prisé.   viii s.   —

309 It. vi scabelles de bois de
quesne tant grandes que petites prisées ensemble.   x s.   —

310 It. une petite table de bois de
quesne, assise sus une escabelle prisée   iii s.   —

311 It. une caielle à dos de bois de
quesne avec deux caielles de
caielliers, prisez.   iiii s.   —

(307) Grand pot en fonte de fer. Havart constate que l'emploi de la fonte à la confection d'ustensiles de ménage est fort ancien ; mais la première application de la fonte aux contre-cœur des cheminées ne remonte qu'à 1559.

(308) Le *coquemart* était un pot ou plutôt une bouilloire à goulot et à une anse, avec ou sans pieds, assez semblable à celles dont se servent encore de nos jours les barbiers de campagne. — (V. Delab. et Hav. v° Coquemart). — Sur potin, V. n° 293. — Villon, dans son *Grand testament*, lègue,

> ..... à *Perrot Girard*
> *Barbier juré à Bourg la royne*
> *Deux bassins et un coquemard.*

(309) « *Escabelles* » la forme picarde rappelle plus directement le latin *Scabellum*, siège sans dossier : v. n° 364. — A Amiens, on appelle aussi escabelle une échelle double à larges marches, en usage dans les boutiques et les magasins où se trouvent des rayons assez élevés.

(310) *Tablette* en chêne fixée ou posée sur un escabeau. — V. n°° 304 et 309.

(311) *Chaise à doss*   chêne, ouvrage des *huchiers*,

312 It. une kane de bois à gou-
dalle, bec de fer, prisée.   II s.   —

313 It. un buffet de bois de quesne
à dossier et deux tiroirs pr.   XXXVI s.   —

314 It. ung crucifix, une Nostre
Dame, ung Vironicq ensemble
prisés.   IIII s.   —

ébénistes d'alors et souvent sculptée par les *tailleurs d'y-
maiges* ; — *Avec*, synonyme de *et* ; voir *supra* n° 304.

La chaise en bois commun en bois blanc, sort des mains
des chaisiers ordinaires, dits parfois *frestelliers*, et, déjà
en 1520, *caïelliers*. — V. n°ˢ 317, 345 et 403.

(312) La *Kane*, *cane* ou *quenne*, mesure de capacité pour
les liquides, était le broc à douves de bois et bec de fer,
fabriqué par les tonneliers et encore employé chez les marchands de vin et les débitants. — *Goudale* : « bonne bière,
venu du néerlandais *goed ael* qui se prononçait goudale.
Le vieux picard disait *goudaleux* au XIV⁰ siècle.— V. Jouancoux, v° Godailleux, « adj. qui aime à boire, fricoteur ».
— Sur les *sergents aux quennes*, V. l'intitulé de l'inventaire.

(313) Dressoir, ou table, adossée contre le mur et munie
de deux tiroirs. — Remarquons que tous les beaux meubles repris dans cet inventaire de 1520 sont en chêne ; le
noyer n'apparaîtra que plus tard, surtout dans le nord de la
France, comme bois servant à la confection des meubles
riches de l'époque de la Renaissance. — V. n° 363.

(314) Le *Crucifix*, comme le mot l'indique d'ailleurs, est
une croix portant un Christ. Il y avait des crucifix sculptés
ou ymaiges et d'autres peints. Havart, à ce mot, constate
que les crucifix ne sont pas très nombreux dans les inventaires des XV⁰ et XVI⁰ siècles. — Nous trouvons à ce propos, (Delab. V° Crucifix), dans les statuts des métiers de
1260, cette mention fort intéressante pour nos **ymagiers**
des stalles de la Cathédrale : « Quiconques veut estre *yma-*

315 It. ung petit candelier à broc-
que prisé.   — XII d.
316 It. ung banc de bois de quesne
a puie à deux coffres prisé.   XVIII s.   —

giers à Paris, ce est à savoir *taillères* de crucifix, etc... »
— D'où le mot composé : « *Entailleurs* ou *tailleurs d'images* » pour sculpteurs, employé couramment au xvie siècle.

— Une *Nostre Dame*, c'est-à dire une image de la Vierge
Marie peinte sur toile, sur drap, etc., ou sculptée en ivoire,
buis... ou fondue en métal précieux et finement ciselée.

— Un *Vironicq*, face du Christ sur étoffe. — V. Havard
et Dehaisne, v° *Véronique*, *Véronike*, *Vironicle*. — On sait
que Véronique n'est pas une sainte, mais seulement la
vraie image [*vera iconica*], de la face du Christ empreinte sur
un linge avec lequel une sainte femme essuya la figure du
Sauveur. — Celle conservée en l'église de Corbie est considérée par la tradition comme une œuvre de St Luc. Or la
corporation des médecins et chirurgiens d'Amiens avaient
St Luc évangéliste pour patron, et célébrait sa fête, le
18 octobre, dans l'église des Célestins. Ils y assistaient,
d'après leurs statuts en robe, bonnet et chapeau rouge
doublé d'hermine. (J. Corblet, t. IV. p. 412, 413. 653). Il
est permis de supposer que les apothicaires, en 1520, faisaient déjà partie de la corporation, ou tout au moins figuraient dans leurs fêtes ; comme cela existait en 1576, date
du règlement pour l'obtention de la maîtrise. — A. Dubois
cite, en 1458, la rue du Véronicle à Amiens

(315) Chandelier en bronze dont la pointe ou broche
(*brocque* en picard) entrait dans la chandelle de cire. — Les
grands chandeliers d'église ont encore cette forme.

(316) Banc de chêne dont les deux coffres ouvrent par
le dessus servant de siège et garni d'un *appui*, ou accôtoir à chaque extrémité. Ces appuis étaient comme les bras
de nos fauteuils ou de nos bancs de jardins actuels. — V.
Hav. v° accôtoir. — Cf. n°s 311, 355 et 403.

317 It. iiii cappeletz d'osière avec
    une petite caielle liez prisez.   — xii d
318 It. une rappière prisée.   viii s.   —
319 It. deux hallebardes et une
    javeline prisez.   xvi s.   —

(317) Cet article du manuscrit, mal écrit, avec des mots répétés témoignant de l'inattention du copiste et renfermant enfin des objets absolument dissemblables à première vue, ne peut, selon nous, donner lieu qu'à une seule traduction. Ces lignes sont illisibles avec le mot *caïelle* qui en picard, n'a qu'un seul sens celui de chaise. Mais le copiste a mal entendu ; on lui avait dicté *Cailler* ou *caier* mot qui, généralement associé à celui de *Hanap* est employé dans le sens de tasse, vase, ou gobelet. V. Hav. à ce mot.

Le *Cappelet d'osière* est un fourreau, un étui en osier tressé, destiné à contenir la cailler. Les textes suivants relevés dans *les comptes de l'hôtel de Charles VI* (1380). nous paraissent éclairer cette traduction. « A. Richard de « Suzay pour xiii hanaps caillers, achetés de lui pour ledit « office. -- Geoffroy le vannier, pour un estuy d'osier « blanc, acheté de lui pour mettre caillers ». - - Autrement dit il s'agit ici de trois étuis d'osier renfermant chacun une cailler *liez* (pour liée, jointe). — Vraisemblablement, pour les préserver de la poussière, on mettait, comme parfois de nos jours, sur les dressoirs, ces vases retournés ; et ils étaient bien recouverts de leur capelet « petit chapeau « (Roq. v° capelet) d'osier. » — Mot dérivé, non de *Capelle*, chapellé. (du latin *capa*, chape) mais de *Chapel*, chapeau, *capieu* en picard, (du latin *caput*, tête).

(318) *Rapière* : Arme de duel, épée longue et affilée ayant pour garde une coquille généralement percée de trous. — Etymologie inconnue d'après Littré.

(319) La *hallebarde* n'est plus aujourd'hui qu'entre les mains de nos suisses d'église et des gardes pontificaux.

320 It. ung petit bran de fer à pe-
       ser prisé.   II s   —
321 It. deux mortiers l'ung de
       pierre et l'autre de bois avec
       les pestaulx prisé.   III s.   —
322 It. une pelle ronde à deux
       manouelles prisée.   XVI s.   —
323 It. une caudière à deux ay-
       neaulx treuée et rapiécée pr.   XVI s.   —

— *Javeline*, espèce de dard long et menu. — « Sans
« armes d'ast (*hasta*, lance), sinon quelques halebardes et
« javelines aux mains des capitaines et sergens ». (Littré
v° javeline, A. d'Aub. Hist. univ. II, 191).

(320) Jouancoux. « On nomme *Brandels* les espèces de
« bras à l'aide desquels on fait tourner l'arbre d'un treuil
« de puits. . La rue des Ecoles Chrétiennes à Amiens,
« s'appelait autrefois *Rue du puits à brandez* ». Le radical
est *Brand*, grosse épée au moyen-âge. (Littré). *Branc* dans
Ducange — Dans ces conditions nous voyons dans le *Bran
de fer à peser*, le fléau d'une balance dite Romaine.

(321) Mortier de pierre pour piler les substances miné-
rales, écorces, etc. — Mortier de bois pour broyer des
amandes pour lochs.... Ces deux mortiers avaient un pilon de bois dur, le plus souvent en buis. — Dans le jardin
du musée d'Amiens, est exposé entre plusieurs anciennes
mesures en grès, plus ou moins ouvragées, un vieux mortier orné de quatre *mentulae*, opposées deux à deux.

322 *Pelle*, *poisle*, poêle à frire, sans queue, mais munie
de deux anses. Ce terme de *manouelle* (de *manus*, main en
latin) se retrouve dans les nouveaux statuts des potiers
d'étain à Amiens, publiés à la date du 25 novembre 1495.
(Aug. Thierry, p. 469).

(323) Chaudière à deux anneaux servant d'anses, trouée
et réparée avec des pièces en cuivre. — V. n° 402.

324 It. une autre petite paielle
ronde prisée.   VIII s.   —

325 It. deux petits cauderons prisez   VI s.   —

326 It. ung grand cauderon prisé.   VI s.   —

327 It. une petite guingaude à deux
biberons prisée.   IX s.   —

328 It. une petite bachenoire et
une paielle bouilloire prisez.   X s.   —

(324) Sur *poële, pesle, païelle*. V. Havard, v° Poële.

(325) *Chauderons*. Cf. *Cauderlas*, batterie de cuisine en Picardie, Jouancoux. — Dans presque tous les inventaires contemporains de celui de J. de Louvegny, on trouve un chapitre intitulé « *Cauderlas* ou *Caudrelas* ». — V. n° 343.

(326) Dans Ducange on lit : « Garniers li caudreliers « vend cauderons et autres coses », 1340. — Notre rue des Chaudronniers portait déjà ce nom en 1472. (Dubois p. 9).

(327) Jouancoux au mot *gaingaude* relève les formes suivantes de ce substantif féminin : *Guigaude, quigaude, guigaudaine, guigandaine, quicandaine, quincaudaine, quincandaine*, etc. — Spécialement *guingaude* se trouve dans trois inventaires amiénois de 1557, 1575 et 1576. La signification de ce mot, disparu du picard, est encore à trouver ajoute Jouancoux. Cf. dans Ducange : *Quicaudaine* ou *quicaudane :* ustensile de ménage. — L'étymologie de guingaude est peut-être *cucurbita*, gourde ou cornue dite aussi, dans l'origine, cucurbite. (???)

En réalité, la *guingaude* est l'aiguière en métal, sur trois pieds, avec couvercle et un goulot bifurqué en deux biberons, reproduit par Hav. v° aiguière, d'après un tableau de l'Annonciation au Louvre, du XVe siècle, et dont il sera parlé plus amplement ci-après au n° 330.

(328) Petite bassinoire. — « Item une *payelle* (poële) ba-« *chynoire*, une aultre *payelle coulloire* (passoire), une

329 It. ung bachin a barbier et un
petit pot de cuyvre prisez.   x s.   —
330 It. une petite guingaude à deux
biberons avec deux culiers d'a-
rain prisez.   II s.   —
331 It. deux paielles de fer à queue
avec une paielle d'arain prisez.   II s. VI d.

« guingaude, le tout prisé ensemble XL solz ». (Inv. à
« Amiens, 1557 ». — *Payelle bouilloire*, « vase à couvercle
« à large panse, à col étroit, avec manche, pour faire
« bouillir l'eau ». (Hav. v° bouilloire).

(329) Bassin à barbier, profond, à échancrure, servant
encore aujourd'hui d'enseigne aux perruquiers et coiffeurs.
Le mot *plat à barbe* qui la remplace est bien impropre ;
en effet cet objet repris en l'inventaire est fort creux ; il est
d'ailleurs moderne, puisque, selon Havart, ni Richelet, ni
Furetière ne l'ont connu, ou du moins mentionné.

— Ce petit pot en cuivre, complément du bassin, doit être
un coquemart contenant l'eau chaude pour raser.— V. n°308.

(330). On sait qu'avant le XVI° siècle, les fourchettes ne
figuraient qu'à la table des rois. Aussi nos ancêtres, par
cela même qu'ils mangeaient avec leurs doigts se lavaient-
ils les mains avant et après les repas. Mais, chose étrange !
deux personnes, que rapprochait leur rang social, se la-
vaient, en même temps, avec la même eau, dans le même
bassin. C'est ainsi que nous expliquons cette *Guingaude à
deux biberons* (becs) qui, tenue par un domestique, versait
en même temps l'eau sur les mains des deux convives. —
Ceux-ci avaient à leur portée un pot où, à l'aide d'une *culier
d'arain*, ils puisaient quelque poudre odorante d'oppoponax, de vernis ou d'iris. — V. n° 327.

(331) Ces deux *paielles de fer à queue* sont à coup sûr
les païelles, payelles ou *payelles à queue de fer*, ou poêles
à frire, relevées par Jouaneoux dans de nombreux inven-

332 It. ung pot lavoir prisé.   vi s.   —
333 It. deux resgauffoirs d'arain
    prisez.   ii s. iii d.
334 It. une paielle ronde prisée.   vi s.   —
335 It. un seau à main avec un
    petit cauderon blanc prisé.   v s.   —
336 It. ung bacquet prisé.   — xii d.

taires amiénois. — La *paielle d'arain* était vraisemblablement au même usage. Cela semble résulter de la citation suivante : « iv poisles à queue, les deux de cuyvre et
« les autres de fer », (Inventaire de 1514. (Hav. v° poêle).

(332) *Pot lavoir.*— Suivant Havart, v° Lavoir, « Ce bassin
« à se laver les mains, était muni parfois d'une chaufferette ».

(333) Ce *resgauffoir d'arain* est le réchauffoir, le réchaud
du n° précédent. — On en faisait aussi en terre pour les
ménages pauvres et les hôtelleries. V. Réb. pic. p. 128.

(334) Poèle ronde. — V. n°s 324 et 331.

(335) Seau en cuivre, et à anse, de la contenance de
douze pintes généralement ; c'était un meuble de cuisine et
même de salle à manger. Il ne faut pas le confondre avec la
selle, *seille*, ou *selle* picarde, grand seau destiné à descendre dans le puits ; toujours en bois, cerclé de fer, et placé
dans la cuisine sur un trepied — *Avec* est ici pour *et* —
Malgré l'étymologie latine *calidus*, chaud, *caud* en picard,
ce chaudron en métal blanc ne devait pas aller au feu.
Mais, au point de vue étymologique, il n'y a là rien de bien
étonnant ; le *cadran* de nos montres n'est-il pas *rond* ?

336) En raison de la place occupée ici par le baquet, il
ne peut être question d'un cuvier en bois, mais d'un vase
vraisemblablement en cuivre, qu'on rencontre très souvent
dans les cuisines du Moyen-Age et de la Renaissance et qui,
sous ce nom, servait à maintenir les bouteilles fraîches.

337 *Estain.*

338 Cinq platz, six escuelles, ii
sausserons, une salière, ung
petit pot d'estain et deux esguières, pesans ensemble xxxi
livres demye, au prix de iii sous
vi deniers la livre, font.   cx s.   —

(337) L'étain servait à la fabrication de certaines pièces
de la batterie de cuisine commune. En Picardie, un *étimier*
était l'étagère où l'on plaçait bien en vue, la vaisselle d'é-
tain. V. Jouanc. v° étimier. — Sur les alliages d'étain,
v. n° 289. — « En 1418, airain avait-on pour vi d. la livre ;
« estain pour x d. la livre ou viii d. ; la livre de potin iiii d.,
« et argent x francs le marc ». (*Journal d'un bourgeois de
Paris sous Charles VI.* Havart, v° Potin). — D'après le
même auteur (v° estaimier), « Jehan d'Avesnes, potier d'é-
« tain à Amiens fournit, en 1516, les xxxv petits pots, es
« quels ont été présentés les vins à François Iᵉʳ et à sa
« mère Louise de Savoie ». Il y a là une erreur de date
qu'il échet de rectifier. Ce n'est pas en 1516, mais en juin
1517, que se place le voyage du roi à Amiens. (Arch.
comm. C. C. 94, f° 194, v°, et Cal. 1, p. 486).

Bien que la vaisselle d'étain ne soit plus en usage, l'étagère pour la vaisselle en faïence et en porcelaine porte toujours, en Picardie le nom d'*étimier*, d'*estimier*.

(338) *Plotz* ; plats, vaisselle très courante aux xvᵉ et xviᵉ
siècles. — *Plot* est encore la forme picarde du mot plat.

— Sur les tables princières, les plats étaient *couverts* ;
ce dernier mot a pris, par la suite, le sens compréhensif
de tout ce qu'on met sur la table devant chaque convive.

> *Sur un tapis de Turquie,*
> *Le couvert se trouva mis.*

>   (LA FONTAINE, Fab. 1. 9).

Escuelles : L'équivalent de nos assiettes creuses « *à manger les soupes.* » Celles en étain, pour une ou deux personnes, tenaient le milieu entre les escuelles de bois du pauvre et celles en argent du riche bourgeois. Celles en or étaient particulièrement réservées aux grands personnages. — V. Delab., Gay et Hav. à ce mot.

— *Sausserons*, n'est pas une forme picarde de saucières. Les sausserons étaient simplement des écuelles peu profondes dans lesquelles on mangeait des viandes accomodées avec des sauces (des ragouts), alors que les viandes roties étaient mangées sur des plateaux en bois ou en étain dits « *tranchoirs* ». Havart à ce mot, fait remarquer que les sausserons sont toujours catalogués ou énumérés en compagnie des écuelles. Cf. la présente note *in fine*.

Dans Ducange, *Sauceras, saulceron, sausseron*, ne signifie plus déjà que « Saucier, vase où on met la sauce sur la table ».

— La *Salière en estain* marque un sérieux raffinement sur la salière en bois et surtout sur celle consistant en un petit cube de pain creusé. V. Delab. et Hav. v° Salière.

— Le *Petit pot* d'estain serait-il ici un pot à contenance déterminée, le nom de « *Petit pot* » étant resté, dans les cabarets d'Amiens, à une tasse de café, dite : *Quiot pot* ? — Dans nos cuisines de la campagne, à côté de la *Seille* ou *Selle* (gros seau à tirer l'eau du puits), se trouve un pot d'un demi-litre en tierchain, appelé : *Pot de St-Omer*.

— *Esguières*. Vases à contenir de l'*eau*, en usage sur les tables. — Etym. : *aigue*, eau, en vieux français ; puis *age* ; d'où on doit dire : « *être en age* » et non « *être en nage*. ».

Les articles portés aux n°s 337 et 338 sont particulièrement intéressants. On y voit que notre apothicaire possédait tout ce qu'indique, comme vaisselle d'étain indispensable dans chaque ménage, le maître d'école de Bruges :

> *Encore faut-il avoir*
> *Plas d'estain et platiaus,*
> *Escuelles et sausserons,*
> *Saliers et tailloirs.*

339 *Tierchain.*

3 40 Deux gates, vɪɪɪ gatelettes à
oreilles, ung bénistoire, ɪɪ pintes, demy lot, ung trois pintes,
ɪɪ lotz, ung lot et demy et deux
pots pesans ensemble xxxxɪ l.
demie au prix de ɪ sou vɪ deniers vallent.   cɪɪɪ s. ɪx d.

(339) V. nᵒˢ 289 et 337, l'étain et ses divers alliages.

(340) *Gattes*, forme picarde de jatte, écuelle. Il s'en fai-
sait beaucoup en terre. V. Réb. Picard, p. 15, 73 et 122.
— *Gatelettes*, *gatelots*, petites jattes ; Les *oreilles*, poignées,
étaient généralement plates, ou en forme de coquilles. —
« Six gatelettes d'estain pesant ensemble vingt livres ».
(Invent. Léonor de Pisseleu, seigneur d'Heilly, 1613).

— La forme *bénistoire* est restée essentiellement picarde.
— «Ung *bénitoir* (*bénitouère*) d'arain... d'estain, de tierchain,
« de cuivre.» Invent. des xvɪᵉ et xvɪɪᵉ siècles.(Jouanc.) ; et
archiv. de Douai, 1510. (Gay, vᵒ Bénitier).

Les ustensiles suivants ne sont pas seulement des récipients ordinaires mais aussi des mesures de capacité, généralement en forme de cruches. Ducange appelle *Tiercain* :
certaines mesures de liquides, et Dehaisnes, *op. cit.* mentionne les *Thiercherieuls* comme étant une sorte de pots.

En 1520, à Amiens, les mesures de capacité étaient :

Lot à bière, contenant 1 litre 19 cent.
Pot à bière,   »   0 » 38 »
Lot à vin,   »   1 » 04 »
Pot à vin,   »   2 » 09 »
La quenne   »   3 lots.
Le pot à bière ou à vin, 2 lots.
Le lot, 2 demi-lots.
Le demi lot, 2 pintes.

341 *Trouvé en la chambre hault.*

342 Primes ung andier de fer forgé
   prisé.   IIII s.   —

343 It. ung viel cauderon prisé.   II s.   —

344 It. une table de bois de
   quesne avec II trétaulx prisée.   VI s.   —

La pinte, 2 demi-pintes.

La demi-pinte, 2 potées, mesure d'Amiens.

V.Gaudef. p. 27 et Réb. pic. p. 68. — Dans Hav v° Lot on lit : « payé à Thibaut la Rue, potier d'estain à Amiens, le « 7 avril 1386, pour VIII poz demi-los d'estain, etc ».

(341) Chambre du premier étage.

(342) *Andier,* chenet de fer forgé. Andier est la forme primitive de landier ; le picard est ici resté réfractaire à l'agglutination, comme pour *Ierre,* (lierre).

Dans cet inventaire, comme dans tous les autres, on lit *ung andier* bien qu'il s'agisse forcément de deux chenets. — Cf. un drap de lit, une culotte, une balance, un ciseau (pour des ciseaux), une pincette (pour des pincettes)... etc

> *Ch' tison n'éclair' pus l'e-qu'minée ;*
> *N' restons mi' trop tard auprès de ch' landier.*
>
> (R. DE GUYENCOURT, Atrinq. p. 41).

— V. Hav. v⁰ˢ andier et landier.

(343) Vieux chaudron. — V. n° 325 et 326.

(344) Table en chêne, sans pieds, mobile, qu'on peut asseoir sur des trétaux. — Dans tous les vieux textes, les deux mots : table et tréteaux, sont presque toujours associés :

> *La table tous les jours frottée,*
> *Table sur deux tréteaux portée.*
>
> (GILLES CORROZET. Blasons domestiques, 1538).

— Plus tard viendront les petites tables portatives à tréteaux articulés, et enfin les tables sur pieds, lourdes et fixes.

345 It. deux caielles à dos de bos
de quesne prisées.   VIII s.   —

346 It. ung lit et traversin garni
de pleume de ix quartiers de
large et xi q. de long prisé.   LXX s.   —

347 It. une paire de lincheux de
canvre de deux lez, prisée.   XII s.   —

348 It une mante rouge d'Engle-
terre prisée.   XXX s.   —

(345) V. n⁰ˢ 311, 317 et 403.

(346) Sur le *lit*, voir notamment Hav., v° Lit et Gay.
v° Couche. — *Traversin*, sorte d'oreiller, cylindrique en
toile garni de plume ou de duvet et tenant la largeur du lit.
On l'appelait aussi *travers*, *travers-lit*, *traversier*. D'après
Havart, la forme *traversin* n'aurait fait son apparition qu'en
1508. — V. dans Rab. II p. 326 et 327 « un lit avec sa
« couverture garnie de plumes et ses deux linceulx estimés
« douze francs. — V. n° 351. — Le *quartier* était le quart
« d'une unité de mesure: un quartier de toile, de serge, etc. »
C'est l'unité de longueur variant avec chaque étoffe, opposée au *lez*, (lé) unité de largeur. — Cf : « *Lé de Brucelle* »,
dans la farce de Maître *Pathelin*.

(347) Voir n° 374. — Le *lez* est encore de nos jours la
largeur d'une étoffe comprise entre les deux lisières.
Ainsi la couture était au milieu du drap. Voir n° précédent.
Notons ici que l'aune d'Amiens vaut 721ᵐᵐ 87 ; elle
contient 26 pouces 8 lignes du pied de Roy (*Roi*, vieux mot,
signifiant mesure) et se subdivise en quarts ou quartiers.

(348) Sur le sens de *Mante*, si rapprochée des lits, lincheux et traversins v. n⁰ˢ 351 et 359. — L'étoffe n'est pas in-
diquée. Mais Gay, v° dictons, cite parmi les industries fa-
meuses à la fin du xv° siècle : « A Londres escarlates fines ».
C'est qu'en effet à l'origine l'écarlate était une étoffe,
généralement du drap, teinte diversement. — (Hav. v° Ecar-

349 lt. ıııı pièces de courtines de
    toille noire avec trois verges
    de fer forgé prisées.   XV s.   —
350 lt. une couche de bois de
    quesne, dossier et revers avec
    le passet prisée.   XL s.   —

late, cite 10 de ces nuances dont la cochenille était la base.
— Cf. Gay, v^{is} cramoisi et écarlate. — Plus tard l'écarlate a
été verte, bleue et même noire (Rab. t.III, p. 219). — Cf.
« un bas de chausse d'escarlatrin rouge... un haut de
« chausse d'escarlatrin bleu. Inv. à Amiens, 1683 ».
(Jouanc. v° escalatrin). De même dans Ducange, la *bru-
nette* est une sorte d'étoffe foncée, sans indication de teinte.
— On l'opposait parfois à la bure, au *bureau*, grosse
étoffe de laine, citée encore dans la satire Ire de Boileau :

> *Mais qui, n'étant vêtu que de simple bureau,*
> *Passait l'été sans linge et l'hiver sans manteau.*

Témoin ce très vieux mais éternellement jeune dicton :

> *Aussi bien sont amourestes*
> *Sous bureau que sous brunettes.*

(349) Il s'agit ici, sans aucun doute, de *courtines closes*,
c'est-à-dire de rideaux de lit destinés, par leur couleur som-
bre, à arrêter le jour. — Sur les courtines ordinaires. V.
Réb. pic. p. 76. — Le mot *verges* est ici synonyme du mot
tringles. Un siècle plus tard environ, le second aura défi-
nitivement détrôné le premier comme accessoire du lit.

(350) Sur *Couche*, voir n° 398. — *Dossier*, partie haute du
lit du côté de la tête ou chevet. — *Revers*; ne serait-ce pas
l'envers, c'est-à-dire la partie du bois de lit invisible, appliquée contre le mur ? — *Passet*, sorte de banc très bas, servant à monter dans le lit. V. Reb. pic. p.68 et Gay v° Basset.

351 It. une mante blanche vieille
prisée.   III s.   —
352 It. une robbe de drap noir
fourrée de noirs agneaulx, à
usage de femme prisée.   XX s.   —
353 It. ung cotteron de drap rouge
doublé de blanc prisé.   LX s.   —
354 It. ung cotteron de savyne dou-
blé de blanc, prisé.   LX s.   —

(351) *Mante* n'a pas ici le sens moderne de manteau de femme, sans manches, comme nos Berckoises ou nos Merlimontoises, mais bien celui de couverture de lit en laine commune. V. Havard à ce mot et le n° 359. — Ce mot a conservé ce sens primitif dans le canton de Picquigny. « Ung lit et traversin garny de *pleume* (plume), une « mante verde avec deux paires de lincheulx ». Inv. à Amiens, 1596 (Jouanc. v° mante). — V. Godef. suppl. v° mante ; même sens. — Dans le glossaire de Ducange, mante n'a déja plus que le sens de manteau, spécialement à usage de femme.

(352) V. n° 378.

(353) Ce drap rouge est l'écarlate. Voir n° 348. — *Cotron* signifie jupon, même actuellement en Picardie ; V. Jouanc. v° cote. — Malgré le rapprochement du n° 352, nous ne pensons pas qu'il s'agisse ici d'une fourrure d'agneaux blancs ; mais bien d'une doublure d'étoffe blanche. — V. dans Littré, v° blanc, des citations du XVI° siècle. — On dit encore de nos jours : être vêtu de blanc ; magasin de blanc...

(354) Sur cotron doublé de blanc, v. n° précédent. Ce cotron, jupon, était rouge. On lit en effet dans Godefroy, v° Sanguine : *sanguine, sansuine, sauine*, sorte d'étoffe couleur de sang. — Comp. n° 348. *Adde* : Glossaires Roquefort et Ducange, v° Sanguin.

355 It. une robbe à usage de femme de drap noir fourrée de menu voir prisée.	xvi l.	—
356 It. une autre robbe de drap noir doublée de sayette prisée.	iiii l.	x s.
557 It. ung chaperon de drap noir oudit usage prisé.	—	l s.
358 It. ung autre chapperon aussi de drap noir prisé.	— xxx s.	

(355) *Voir* pour vair, fourure d'un écureuil au dos gris-foncé et au ventre presque blanc. Le même vair des xiv⁰ et xv⁰ siècles s'appelle aujourd'hui: petit gris. (Havard, v⁰ vair).

(356) *Saïette*, petite étoffe de laine, quelquefois mêlée d'un peu de soie qui se fabriquait à Amiens, au xv⁰ siècle. On écrivait: *sayettes*. Hav. v⁰ saïette. — Les tisserands picards en velours d'Utrecht s'appellent encore indifféremment des *saieteurs, saiteurs* ou *saietticrs*.

(357) Le *chaperon*. A ce mot nous trouvons dans Chéruel les précieux renseignements qui suivent. « Le chape-« ron était une coiffure de drap, bordée de fourrures avec une « longue queue qui retombait par derrière. Les magis-« trats avaient des chaperons rouges, bordés d'hermine; « les docteurs, licenciés et bacheliers avaient des chape-« rons variant avec la faculté à laquelle ils appartenaient. « Sous Charles VII on abandonna les chaperons pour les « chapeaux; mais tous les gens de robe (magistrats, avocats, « docteurs, etc.), gardèrent la queue du chaperon qu'ils « placèrent sur leur épaule. Telle est l'origine de l'*épitoge* « ou *chausse* de nos magistrats, professeurs, etc. ». — Quicherat, p. 322, fait remarquer que le rond du milieu, (sorte de bouton qui se trouve sur l'épaule) figure la coiffe et que la patte et la cornette se retrouvent dans les appendices. — V. p. 90 à 96, le costume de J. de Louvegny.

(358) V. le n⁰ précédent.

359 It. ung mantelet oudit usage pr.   — LXX s.
360 It. ung baudroy de vellours
    noir à bloucque, morgan, croix,
    trois clous d'argent doré et une
    perle prisés.   IIII l.   —
361 It. une bourse de satin et soie
    noires à xxviii clocquettes d'ar-
    gent doré prisée.   IIII l.   —

(359) *Mantelet*, petit manteau. La forme *oudit* au lieu de *audit* est essentiellement picarde, surtout dans le Vermandois, même de nos jours. V. Jouancoux, v° *Ou*. — V. n° 351, la différence entre le mantelet et la mante.

(360) Il ne peut être ici question d'un baudrier, servant à porter en sautoir un sabre ou une épée ; mais bien d'une sorte de réticule. (V. Havard à ce mot). Celle-ci, très riche, était en velours noir, fermant au moyen d'une *boucle*, le ruban passant dans cette boucle était munie d'un *mordant*, c'est-à-dire d'une pièce en métal empêchant qu'elle ne s'effilochât à son extrémité. Le mordant se retrouve dans tous les vieux dictionnaires. Celui du présent n° était orné d'une croix, de trois clous d'orgent doré et d'une perle fine. — Dans le glossaire de Ducange, mordant a un sens bien plus large et signifie une agraffe avec son ardillon.

(361) Bourse en *soie, façon satin*, c'est-à-dire dont la trame ne paraît pas à l'endroit, ce qui donne au tissu son brillant, son lustré et sa souplesse. Cette bourse est la *Tasse* ou tassette, locution conservée en Picardie. Voir, v° Tasse, Ducange, Corblet, Havard. Jouancoux donne à *Cloquettes*, le sens de petit ornement rappelant le « muguet à cloquettes » et cite « une bourse de vellours noir à xxiii clo- « quettes d'argent doré » (Amiens 1557) et « une bourse de « drap noir à xxv clocquettes d'argent » (id.). — A la Cathédrale d'Amiens, un grand nombre de statues et images portent cette tassette, précurseur de nos *ridicules*, (réticules).

362 It. une patrenostres de corail,
une croisette et seize merques
d'argent doré prisez.   — xx s.

363 *It. ung buffet de bois de quesne
à ung huisset onquel a esté
trouvé ce qui sensuit.*

(362) *Patrenostres, patenostre, paternostre,* chapelet à
grains de corail. On récitait un *Pater noster* à chaque gros
grain. — Une vieille auberge d'Amiens, établie en dernier
lieu, rue des Jacobins, portait l'enseigne de la Patenôte.

— *Croisettes :* petites croix en terme de blason. Mot ici
employé comme simple diminutif, suivant nos habitudes picardes. Ex. : *chapelette,* (petite chapelle) ; *ieuette* (petit
cours d'eau) ; *lieuette* (petite lieue) ; *heurette* (demi-heure
dans les Flandres) ; *gatelettes* (petites jattes du n° 340) ; etc.
— La croisette était surtout chez nous une croix de cha-
« pelet. — « Ung chappelet de patenostre garny de six pa-
» ters et une croisette d'argent doré, prisé xl solz. » (Inv.
Amiens, 1617, dans Jouancoux, v° croisette).

— *Merques,* forme picarde de marques. — Ces seize marques ne sont pas ici des signes ou empreintes, mais bien
des jetons servant à *jeter,* c'est-à-dire calculer. Pour quelles
ne rebondissent pas sur la table, on recouvrait celle-ci d'un
tapis de bure, d'où bureau. Au lever du rideau, du *Malade
imaginaire.* « Argan, assis, ayant une table devant lui,
« compte avec des jetons les *parties* de son apothicaire ».
— V. n° 348 sur *bureau* et n° 410 sur *parties.*

(363) Sur *buffet,* voir n° 313. — *Huisset* diminutif de
huis, porte, c'est-à-dire petite porte ; ce mot aujourd'hui
disparu se trouve dans un inventaire du trésor de la Cathédrale d'Amiens de 1535. « Ung tableau à deux huissets,
« au quel il y a du *fust* (bois) de la vraye croix. » Havard
v° Huisset. — Sur *onquel* pour *auquel,* voir n° 359.

364 Primes ɪɪɪɪ cuillers d'arque-
     mye prisez   ɪɪɪ s.   —
365 It. ung gorgias de camelot pr.   — xɪɪ d.
366 It. ung coffret de cuyr bandé
     de fer prisé.   vɪ s.   —
366 bis *le tout remis oudit buffet pr.* xxɪɪɪɪ s.   —
367 It. une heure à usage de femme,
     historiée à deux cloans d'ar-
     gent doré prisé.   ɪɪ l.   —

(364) Cuillers d'*arquemye*, d'alchimie, servant aux mani-
pulations pharmaceutiques. Signalons ici, dans Gay,
v° cuiller, « 1514, une cuiller d'argent doré, en laquelle y
« a un petit bout de licorne, pesant une once, demy gros,
« valant ensemble, comprins la licorne, 26 sous ».

365 *Gorgias* ; vraisemblablement collerette.— En effet au
mot gorette et gorgette, Havart cite des inventaires datés à
Amiens, de 1583, où on trouve deux gorgias de drap noir ;
ung gorgeas de velours ; un gorgia de satin de soye. —
Camelot. « A l'origine, dit Havard à ce mot, étoffe riche à
« tissu non croisé, à base de poil de chèvre de Picardie ». —
« Le *Camieu* est la chaine double de fil de poil de chèvre
« formant le duvet du velours d'Utrecht, ainsi nommé par
« assimilation au poil de chameau, en picard, *camieu*, origi-
« nairement *camel*, du latin *camelus*. » (Jouanc. v° camieu).

(366) *Coffret de cuir bandé de fer.* Il devait être certainement bien petit pour entrer dans le buffet du n° 363

(367) Un livre d'heures, à usage de femme, enjolivé de
petits ornements ou peut-être même enluminé, *illuminé*,
comme on disait alors, (V. Réb. pic. *passim*). Les *cloants*
ne sont pas des clous, mais des fermoirs ; du latin *clau-
dere*, clore. V. Réb. pic. p. 187. — « Madame la duchesse
« de Bourgogne vous est bien obligée de penser à elle, et
« sera ravie d'avoir vos *heures* ». (Maintenon, *Lett. au Card.
de Noailles*, 3 octobre 1703).

368 It. un forget de bois quesne pr. VII s. —

369 *Item trouvé en un coffret
omple ce qui s'ensuit.*

370 Primes II chemises à usage de
homme pr. XIIII s. — -

(368) *Forget, forgier* de chêne, cassette où, d'après Hav.
on metttait les objets les plus précieux. V. Gay, v° forcier
et surtout v° filatière, phylactères, bandelettes. — « 1535.
« En ung petit forget couvert en cuir bouilli quasi rouge,
« lequel doit fermer à deux serrures, ont été trouvées 33 fi-
« latières des processions des Rogations ». (Inv. de la Cathédrale d'Amiens, p. 280). — Cf. dans le glossaire de Ducange, *Forchier, forcier. forgier* avec le sens de cassette.

(369) *Omple.* Godefroy cite ce mot comme signifiant uni,
et appliqué aux étoffes seulement. Ici il s'agit d'un coffret
qui, par exception, est simple, uni, modeste et pourquoi
pas, pensons nous, *humble*, par suppression naturelle de
l'H, la substitution courante de l'U en o et du B en P.

Cf. ce passage d'un vieil auteur cité sans aucune réfé-
rence à l'appui, par Grégoire d'Essigny, (*Mém. sur le patois picard* ; Péronne, Laisney et Paris, Sajou, 1811, p.37) :

> *Ce néammoins sa robe elle mussait (cachait)
> Sous un manteau qui humble paroissait.*

— Signalons ici l'erreur de Dehaisnes qui, dans son
glossaire, v° omple, s'exprime ainsi : « Nous n'avons pu
« trouver la signification de ce mot, qualificatif souvent
« donné aux étoffes. D'après le contexte de la page 747...
« ce mot pourrait signifier *simple* par rapport à *double* ».

Dans les autres inventaires d'Amiens copiés par M. Boudon, nous avons trouvé le mot omple appliqué à des tasses,
des gobelets, etc. Il est donc étonnant qu'il ait échappé
aux consciencieuses recherches de M. Jouancoux.

(370) Chemises pour homme. « Ce mot, dit Cheruel,
« v° chemise, est rare dans les anciens comptes des Rois

371 It. iii petites nappes de canvre
ouvrage de Paris prisées.   ii 8.   —

« de France. Il est remplacé par celui de *Robes-linges* qui a la
« même signification. » — V. nombreuses citations dans Gay,
à ce mot. — La chemise, en 1520, était un objet de grand luxe.

(371) Nappes de chanvre, *ouvrage* c'est-à-dire façon de
Paris... Cf. dans des inventaires contemporains des étoffes
ouvrages de Tournay, d'Abbeville, de Venise... Ici il s'agit
de linge ouvré, damassé, comme on dit aujourd'hui.

Un ouvrage, que nous croyons être d'Amiens, nous paraît fort intéressant. En effet dans tous les autres inventaires, nous avons trouvé des *nappes de toille de canvre à
panche de vacque*. Cette désignation est bien picarde. Les
dictionnaires de Poitevin et de Littré, v° Panse, disent que
ce linge ouvré se fabrique en Picardie. L'expression a certainement disparu ; mais qu'était cette étoffe, cette toile ?

Ne s'agirait-il pas ici d'une toile présentant des boucles
se soulevant comme la panse de l'estomac des ruminants,
de même que le feuillet s'appelle chez nous le *psautier*, et
le bonnet le *gaufrier*, tous noms empruntés aux tripes de
vache et qui se retrouvent encore aujourd'hui dans les
noms de linge de table ou de toilette. Notons aussi que
sous l'ancien régime, la *Tripe de velours*, était un ve-
« lours dont le poil était en laine et le plancher en fil de
« chanvre ; il se faisait en uni, en rayé et en gaufré, et ser-
« vait principalement à l'ameublement et à la chaussure ».
(Comm de notre confrère, M. Cosserat, du 10 fév. 1905).

Dans tous les cas, il doit s'agir de draps velus. Cf. les
deux citations suivantes, extraites du Regist. des métiers,
archives de Tournay. « Premièrement que les dis dras ve-
« lus appellés *Vacques* soient ourdis en xxii aunes... » 29 novembre 1407, f° 69. — « Sera réservé les draps velus et
« ceux que on appelle communaument *drap de vacque* »,
18 octobre 1408, f° 117.

372 It. v doubliers de canvre conte-
     nant xi aulnes prisez.   x s.   —
373 It. une douzaine de serviettes
     de canvre prisée.   viii s.   —
374 It. vi lincheux de canvre de di-
     verses sortes prisez.   xxx s.   —

(372) Doublier de chanvre. Cottgrave le définit admirablement : « longue et large nappe (damasquinée, ouvrée),
« pendante à terre des deux côtés de la table où elle est *éten-*
« *due en double.* » — *Addc* : Dict. Hav., Gay et Jouanc., à ce
mot, qui se trouve dans tous les vieux inventaires.

(373) Les serviettes de toilette sont fort anciennes ; celles
pour la table étaient assez rares en 1520. Dans les petites
maisons, les convives s'essuyaient aux pendants du doublier (n° 372). Hav. v° Serviette. — *Canvre*, vieille forme
picarde de chanvre, a été relevée par Jouancoux dans deux
cartulaires de Corbie de 1339 et 1340 et dans une charte
relative à la ville d'Encre [(Albert, Somme), improprement
ortographiée Ancre, depuis le maréchalat de Concini].

(374) *Lincheux*, forme picarde de *linceul* (de *linteolum*,
diminutif de *linteum* dérivés tous deux de *linum*, lin). —
Le lincheux n'est certainement pas le drap de toile destiné
à ensevelir les morts. Ex. : « Ors, faut-il des lits : lits de
« plume pour les riches sus dormir et reposer, lits de
« bourre pour povres... couvertoirs et kieute-pointes, lin-
« cheus et orilliers ». 1340. (Dial. pic. flam. dans Jouanc.).

> *Buvez des vins délicieux ;*
> *Puis, entre deux lincieulx,*
> *Allez reposer vostre teste.*
>   (MAROT, III, 195).

Cf. le vieux cri des porteballes dans nos campagnes :

> *De l'toile à lincheus*
> *Pour couquer* (coucher) *à deux.*

— Sur les *drops lincheus*, V. n° 382.

375 It. ii serviettes prisez. — xv d.

375 bis *Le dit coffre on le tout a été
remis, prisé.* XII s. —

376 It. ung viel pourpoint de satin
reverse prisé. III s. —

377 It. un bonnet noir prisé. II s. —

378 It. une robbe de drap noir
fourré de noirs agneaulx à
usage d'homme prisée. XI l. —

379 It. un collet à manches de
drap noir prisée. x s. —

380 It. une robbe de drap noir
fourrée de cuissettes prisée. XXVI s. —

(375) V. n° 373.

(375 *bis*) Coffre· très probablement de bois blanc, étant donné son prix et aussi la nature des objets qu'il renferme. — V. Delab. et Hav. V° coffre. — Dimin : *Cofin*, en picard, étui à aiguilles, à alènes, pour couturières et cordonniers.

(376) *Vieux pourpoint*; habit qui protégeait le corps du cou à la ceinture. — *Satin*, étoffe de soie. — *Reverse* : Nous inclinons à penser qu'il s'agit ici du satin double, c'est-à-dire sans envers, de notre fabrication locale d'alors. (?)

(377) Coiffure d'homme sans rebords ; bonnet de docteur, d'avocat, etc. d'après Littré, v° bonnet.— Le bonnet, orné d'un bourrelot, nous paraît, bien mieux qu'un chapeau, être le couvre-chef des personnages des stalles décrits p. 91 à 94.

(378) Robe d'homme de drap noir fourré de peaux d'agneaux noirs.— A propos de cette mode ancienne, Littré cite un manteau garni d' « agniaus noirs, velus et pesans ». (Vers 213 du Roman de la Rose).

(379) Collet en forme de pélerine assez longue pour être garni de manches, larges, non serrées au poignet.

(380) Bien que, d'après Littré, *Cuissette* ait eu autrefois

381 It. ung coffre de quesne pr.   xxiiii s.   —
382 It. ung drap paint prisé.   v s.   —

383 *Du* xviii *aout* v^c xx.

*Trouvé en la chambre hault respondant
sur la cour ce qui s'ensuit :*

384 Primes ung hallecret, deux
hauguinées et une salade pr. xxxiiii s.   —

le sens d'étoffe, nous estimons qu'il s'agit ici de fourrure
formée de cuisses d'animaux, peut-être de lièvres et de
lapins. On lit en effet dans Deschamps. « Or a bonne *pane*
« (c'est-à-dire réunion de peaux) de gris, de menu-vair
« et de cuissettes ». V. infra n° 394. — Cuissette paraissant
être un diminutif de *cutis*, peau, peut-être la cuissette
était-elle une peau comme celle dont on fait de nos jours
des vêtements pour automobilistes, ou la peau de daim, de
chien, etc., servant surtout à la fabrication des gants ?

381 Voir n° 375 *bis*.

(382) Au mot *drap-lincheu*, Jouancoux montre, par de
nombreuses citations, que le mot drap avait, outre le sens
connu, celui de toute espèce d'étoffe riche ou pauvre. Si
le *drop lincheu* était en lin, le drap sans autre mot y adjoint,
était et est encore en laine. Havart cite le drap de haute lice
ou drap pris dans le sens de tenture. « Drap de fin azur,
« peint et semé de fleurs de lys ». (Froissart).

(383) Chambre du premier étage sur la cour du Fauconnier, dernière habitation de Jehan de Louvegny.

(384) *Hallecret*, halcret, sorte de corselet en fer battu.
(Rab. III, p. 262 ; Quich.. p. 372 et 375). — *Hoguinées*, ho-
guines, cuissart, jambart. (Rab. III, p. 267. — *Salade*,
d'après Littré : « casque que portaient les gens de guerre
« à cheval » ; « casque, heaume en usage parmi les Bour-
guignons ; » (Rab.III,p. 350). — V. un dessin de salade de
la fin du xve siècle, dans *Les Arts au Moyen-Age*, par
P. Lacroix. Paris ; Didot, 1869, p. 91.

385 It. ung petit paliot prisé.   IIII s.   —

386 It. une petite arbaleste pr.   VIIII s.   —

387 It. trois clocques de plomb à
faire eaues pesant ensemble
II^c l. prisées.   c s.   —

388 *Trouvé on grenier respondant sur la rue en
ung coffre ce qui s'ensuit :*

(385) *Paliot.* — Ce mot ne se trouve repris dans aucun lexique, hormis le glossaire de Jouancoux. Mais, dans les cinq extraits d'inventaires à Amiens, de 1555 à 1596, cités par cet auteur, *Paliot* signifie une sorte de tapis de parade pour buffets et tables. Or dans le glossaire de Rabelais, et dans lui seul, nous trouvons, t. III. p. 312: « *Palle :* « arquebuse de chasse. » Dès lors, étant donné la place qu'occupe le *petit paliot* au milieu d'armes de toutes sortes, ce *Paliot* a certainement ici le sens de petite palle.

(386) Arbalète. — V. Lacroix, *op. cit.* nº 384, p. 87 et Quich. p. 306 — A en juger par les mentions des inventaires contemporains, dont nous avons donné la liste p. 99. nous inclinons à penser que cette arbalète devait, en raison de sa dimension, se bander à la main et non au cric.

(387) Littré, Vº Cloche, nº 4, dit : « Dans les labora- « toires, manchon ou cylindre en verre, fermé par un bout « et fermé de l'autre. » — La *clocque de plomb à faire eaux*, est bien plutôt la chape ou cloche d'un alambic, (O. de Serres. V. Littré, *eod. Vº*), et peut-être, par suite, l'alambic tout entier, ou la cornue d'où l'on tirait, par la distillation des plantes, les eaux de senteur ou autres. — Il est à remarquer que le mot *clocque* est demeuré en picard avec le sens d'ampoule, tumeur entre le derme et l'épiderme, tandis que le vieux mot français *ampoule*, signifiant fiole, n'est plus guère employé maintenant qu'associé au mot *sainte*.

(388) Au grenier éclairé par la lucarne du pignon sur la rue.

389 Primes une paire de chausses
de drap rouge à usage d'homme
prisée.   X s.   —

390 It. un hocqueton de drap noir
oudit usaige, doublé de drap
gris prisé.   XX s.   —

391 It une robbe de drap gris oudit usage fourée de noirs
agneaulx prisé.   XL s.   —

392 It, ung hocqueton de drap vio-
let doublé de blanc prisé.   XL s.   —

(389) Les *chausses* étaient la partie du vêtement d'homme
qui, partant de la ceinture, couvrait les cuisses et les jam-
bes en manière de caleçon. On les appelait *haut-de-chausses*,
quand elles n'atteignaient que le genou ; la partie inférieure
se nommait *bas-de-chausses* ; le pied s'appelait *chausson*.
(Littré, Chér. vᵒ Chausses et Réb. pic.p.146).— Il convient
de signaler que le drap rouge était de fabrication amiénoise, ainsi qu'il ressort des inventaires de drapiers et say-
teurs contemporains de Jehan de Louvegny. « Le drap
« teint valait de 13 à 20 sous l'aulne d'Amiens ; l'aulne valait
« 0ᵐ722 et le sol 1 fr. 38, en 1515 ». (M. Cosserat, *Notes sur
les Manuf. de Picardie*, Amiens, Yvert, 1903, p. 11). —
V. pour les couleurs à la mode en ce temps, Rab. I, p. 193.

(390) *Hocqueton*, casaque brodée pour archers, gardes,
etc. Dans Rabelais, *Auqueton*, tunique courte ; Cf. Quich.
p. 370 ; dans Ducange, *Aucton*, casaque militaire. — Ce
vêtement doublé de drap gris était vraisemblablement porté
pendant l'été, à l'inverse de celui du nᵒ 392, qui, beaucoup
plus chaud, était un vêtement d'hiver.

(391) V. nᵒ 378.

(392) Sur *Hocqueton*, V. nᵒ 390. — *Doublé de blanc(s)*
(sous entendu) *agneaulx*, par opposition du nᵒ précédent.

393 It. ung pourpoint de satin de
    soie noir viel, usé et troué pr.   xii s.   —

394 It. un collet aussi de satin noir
    fourré de lievres prisé.   iii s.   —

    (a) Le dit coffre où le tout a été
    remis prisé.   viii s.   —

395 It. deux coffres omples prisez.   vi s.   —

396 It. un viel lit prisé.   xiiii s.   —

397 It. une paire de lincheux de
    canvre de deux lez, ung cou-
    vertoir de sarge rouge et ung
    loudier prisez.   xii s.   —

(393) « Au xvi⁰ siècle, les pourpoints étaient tailladés, « élégants et riches d'étoffes ». (A. Chéruel, v° Pourpoint), V. n° 376. — Etym. : *Pourpoindre*, piquer à travers. (Littré).

(394) Etienne Boileau, *op. cit.* donne la nomenclature suivante des principales fourrures au xv⁰ siècle : « Voirs « (petit-gris), escuriaux (écureuils), *lièvres*, connins (lapins), « chevrel, aignel, mouton, brebis, loire, chat. » — Cf. n° 380.
    — (a) V. n° 375 *bis*.

(395) *Omple*. V. n° 369, l'étymologie et le sens de ce mot.

(396) Sur les dimensions des lits et couches, V. n° 398. — La garniture de ce bois de lit est prisée au n° suivant.

(397) Sur les draps et les lés, v. n° 347. — Comme aux n⁰ˢ 374 et 375, nous trouvons ici le chanvre. Ce qui confirme l'opinion de M. Cosserat (*op. cit.* p. 11) ainsi conçue : « A cette époque (de 1514 à 1520), contrairement à ce « qui se fait de nos jours, la consommation employait beau-« coup plus de chanvre que de lin ».

    — Couverture de *sarge*. — La serge, étoffe de laine croisée, de fabrication amiénoise, avait une grande réputation.

    — *Loudier, lodier*, couverture, courte-pointe faite de deux

398 It. une couche de bois de
   quesne prisée.   xx s.   —
399 It. une paire de houseaulx pr.   v s.   —
400 It. une petite monstre de bois
   de quesne prisée.   vi s.   —
401 It. ung gobelet d'argent pesant
   3 onces ou prix de xxx s. l'once
   soit.   vii l. iii s. —

étoffes piquées et garnies à l'intérieur de laine, de plume,
ou même de *ploc*, c'est-à-dire de poils de vache ou d'autres animaux, surtout dans les ménages d'artisans.

> *Etèndons-nous d'sous l' couverture,*
> *Où qu'os s'rons si bien qu'ein gros prébèndier ;*
> *Durant que l'tempête i' foil vi' qui dure,*
> *A deux, muchons-nous sous ch'loudier.*

> (R. DE GUYENCOURT Atrinq. p. 41).

(398) *Couche.* Ce mot d'après Havart a signifié, parfois
en même temps, le lit du n° 346 ; parfois un petit lit ayant
six pieds de long sur autant de large ; parfois enfin seulement le bois de lit. C'est cette dernière acception qui nous
semble devoir être celle de ce numéro.

(399) *Houseaux* ; étym. : *house*, en vieux français, jambe,
botte. — Littré, à ce mot, cite un passage de Monstrelet où
ce mot est mis dans la bouche d'un picard. Aujourd'hui
houseaux signifie encore jambières de cuir ou de forte
toile. V. Quicherat, p. 257 et 580. — Cf. dans Ducange,
Triquehouse : guêtre. — La véritable lecture aurait dû,
selon nous, être *housseaulx*, housses, couvertures de meubles et surtout de lits ; mais alors la forme picarde *housseaulx* aurait précédé d'un siècle environ la forme courante housse.— Enlever la housse d'un lit, c'est le *découvrir*.

(400) Sur *monstre de chêne*, V. n° 299.

(401) *Gobelet,* vase à boire, portant aujourd'hui le nom

402 It. un agneau d'or à une cor-
naline prisé.   LX s.   —

Cet inventaire du mobilier de Jehan de Louvegny présente plus qu'un intérêt de curiosité. Nous
espérons que les notes sèches, concises mais docu-
mentées, dont nous avons éclairé chacun de ses
articles, initieront le lecteur, aussi sûrement que
toutes les descriptions, à la vie quotidienne d'un
de nos compatriotes, contemporain de Louis XII
et de François Ier.

En raison de la position sociale du défunt et de
sa situation de fortune, cet inventaire a de plus
l'avantage de nous donner, pour ainsi parler, la
moyenne d'un mobilier bourgeois à Amiens, précisément à une époque où notre ville était des
plus prospères et où la Renaissance commençait
à apporter sa note gaie et ses formes gracieuses

de timbale. La forme *gobe* est encore usitée en Picardie au
sens de tasse à prendre le café noir ou le café au lait, témoin
ce passage des *Aveux du franc Picard*, cité par Jouancoux :

> *Et pis, j'ai pour toute vesselle*
> *En' gobe. ene assiette et cin piot.*

(402) Havard ne mentionne pas l'anneau au sens de bague.
Jouancoux donne les formes suivantes picardes : *Annieu,
aigneu, ancau* ; Littré, *anel, aniau* ; Delaborde *annel*. Il
s'agit évidemment ici d'une bague en or, ornée d'une cor-
naline ; comme celle dont parle Delaborde, à ce mot : « 1416.
« Un *anel* d'or où il y a une grant corneille noire où il a
« une teste d'homme ». — On trouve au n° 323, *ayneaulx*,
et, à la note *i* de la page 200, la forme *agneaulx*.

dans l'ameublement, toujours imposant mais parfois bien lourd, du Moyen-Age.

Bien que cet inventaire se suffise à lui-même, nous croyons bien faire de reproduire ici, exceptionnellement, une délibération de l'échevinage d'Amiens, portant la date de 1508. En effet outre les objets divers et les nombreuses étoffes dont nous avons eu l'occasion de nous occuper, elle vise des mains-d'œuvre de métiers concernant l'ameublement ; elle témoigne de l'esprit d'ordre et d'économie de nos magistrats municipaux ; elle met enfin en plein relief l'activité de l'industrie amiénoise et le goût de nos ouvriers, à cette époque.

A ces divers titres, elle nous est apparue comme un heureux épilogue de cette seconde partie de l'inventaire de Jehan de Louvegny. Cette intéressante délibération est ainsi conçue :

« ... A Marguerite d'Avlayne xii l. xi s. ix d.
« pour un drap blanchet (*a*) contenant xxvii aunes
« et i quartier par elle vendu, et dont a esté faict
« un nouveau tapis sur le bureau (*b*) de l'œuricul

(*a*) Ce *drap blanchet* n'est pas le blanchet, ou drap blanchet qui, à l'origine, servait à faire des draps et ensuite des couvertures de lit. Cette étoffe de lin et de chanvre ne comportait pas de teinture, de tonte, etc. Ce *drap blanchet* est le premier de la série des cinquante trois draps de laine, aux désignations curieuses figurant dans le compte de Guillaume Brunel, argentier et trésorier de Charles VI. (1368-1422. (V. Hav. v° drap.)

(*b*) *Bureau*, V. p. 282. — Il est assez étrange que le *banquier* était, au xiv et xv° siècles, le tapis recouvrant le banc ou comptoir, et qu'il a passé son nom aux manieurs d'argent.

— 199 —

« (c) des Clocquiers (d), aussi sur le buffet et sur
« le bancq dudit œuricul, ou lieu des viez (e) ta-
« pis ; item à Guillaume Briscul, LXXII s. pour
« avoir taint (f) le dit drap en vert, qui est II s.

Le bas-relief de N.-D. d'Amiens (mal décrit dans Havart
vᵉ banc), représente non pas un Lombard, mais Zacharie
assis sur un pliant à tenailles, devant un banc et écrivant
sur des tablettes les mots : **Joħannes est nom̄ eius.**

(c) *Œuricul, curicul, oriol* : « porche, allée, corridor » d'après
God. vᵒ Œuricul. Nous préférons « salle d'audience, de
« *auditorium, auditoriolum* ». — « A. Willame Allerie, pour
« ce qu'il **rappointa** *as* (aux) *cloquiers* le *ploutre*, (cadenas,
« grosse serrure) et les *wardes* (garniture intérieure du
« ploutre) d'un *huchel* (coffre, bas, long, à panneaux sculp-
« tés et dont le dessus, servant de siège, est à charnière)
« qui siet devant les *aumailles* (armoires) du dit *horicul*, et
« pour ce qu'il fist II ploutres *nuefs* (neufs) au lonc hu-
« chel devant les fenestres dudit horicul sur lequel on se
« siet. ». 1402. (Arch. Comm. 11 fᵒ 90).

(d) *L'hôtel des cloquiers*, place St-Martin, servit de 1316
à 1595 de lieu de réunion aux maïeur et échevins.

(e) *Viez*, vieux (du latin *Vetus*) ; devenu rare en picard.

Et se ses habits estoit viez
Qu'il ne soit ors (sales) ne descousus,
Taichiez (tachés), soilliez (souillés) ne desrompus (déchirés).

(E. Duron Poës. mss, fᵒ 318 ; Littré)

La rue Delambre à Amiens portait autrefois le nom de
Rue de la Viézerie, à cause des marchands de friperie qui
y étaient établis. — Cf. notre *marqué as réderies* actuel.

(f) *Taint*, teint. — Sur la teinture en graines, v. nᵒ 219.
— Rabelais (I. 192), donne les noms des couleurs les plus
usuelles de son temps ; mais leur nombre devait s'accroître
encore et surtout leur bizarrerie. A. d'Aubigné, (*Baron de
Fœneste*, liv. I, chap. III), en cite quatre vingt deux.

« viii d. l'aune ; au tondeur (*g*) qui a tondu le dit
« drap xviii s ; item, pour iv aunes de canevach
« (*h*) à border lesdis tapis et pour demye livre de
« *agneaulx* (*i*) de cuivre à courtines, (*j*) x s. vi d ;
« item, à Pierre Parcur, pour v parges (*k*) de cuir
« rouge avec les cleux emploiez à ce faire et pour
« sa peine xxiii s; item, à Jehennin Lenglès, cous-
« turier (*l*), pour avoir cousu les bordures, et y
« emploié ledit canevach, mesmes atachié a iceux
« quinze escuchons armoyez (*m*) des armes de la

(*g*) *Tondeur* aux grands ciseaux dit *forces* dont l'écarte-
ment est maintenu par le métal faisant ressort, comme
dans nos pincettes actuelles de foyer. — Au moyen-âge, les
draps n'étaient tondus qu'après la livraison ; cette particularité se rencontre dans notre espèce, où l'on suit toutes
les transformations du drap blanchet avant sa conversion
en tapis ouvragé, destiné au bureau de l'échevinage.

(*h*) *Canevach,* dont la forme primitive est *Chenevas,* est
une toile de chanvre, grossière, servant à faire des dou-
blures et des emballages pour les *marchandises de balle.*

(*i*) *Agneaulx.* — V. n° 402.

(*j*) *Courtines.* — V. n° 349 et les renvois.

(*k*) *Parges.* Havart ne cite pas ce mot. — Dans Godefroy,
« il est synonyme de basane. (1393. Réglem. pour les sel-
« liers d'Amiens, ordonn. vii. 565).» — A Paris, et dès lors
très vraisemblablement à Amiens, les selliers avaient, au
xiv° et xv° siècles, le privilége de garnir de cuir certains
meubles de luxe et surtout d'apparat. (Hav. v° Sellier).

(*l*) *Cousturier,* couturier, tailleur. — Le mot est revenu à
la mode avec les costumes pour dames appelés « *Tailleur* ».

(*m*) *Escuchons armoyez.* Écussons, petits écus, armoriés,
très probablement en soie brodée, sur le drap vert, et dont la
pointe de gueules était encore chargée non pas d'un lierre

« dite ville la somme xvi s. et à Garin, broudeur
« (*n*) qui a fait et livré de ses estoffes lesdis xv es-
« cuchons à iiii s. la pièce, lx s. ». 1508 (Arch.
« comm. CC. 85, f° 113 v°).

insignifiant, mais d'un osier d'argent, avec la devise latine :

𝕷𝖎𝖑𝖎𝖎𝖘 𝖙𝖊𝖓𝖆𝖈𝖎 𝖛𝖎𝖒𝖎𝖓𝖊 𝖏𝖚𝖓𝖌𝖔𝖗.

(Cal. I, p. 430).

(*n*) *Broudeur*, seule locution employée jusqu'au xv° siècle pour brodeur. — Dans le *Livre des mestiers* on lit :

> *La soie dont on faict*
> *Ouvraige de broudoure.*

Et, dans le gracieux rondeau de Charles d'Orléans :

> *Le temps a laissié son manteau*
> *De vent, de froidure et de pluye,*
> *Et s'est vestu de brouderie,*
> *De soleil luisant clair et beau.*

CHAPITRE XI

Inventaire des Papiers

—

(N°s 403 a 417 inclus)

--

*403 Trouvé en la chambre de devant,
en une chaire à dos de bois de quesne ce qui
s'enssuit :*

(403) Chambre de devant, c'est-à-dire, donnant sur la
rue. C'était celle habitée d'ordinaire par les époux de Louvegny et d'où l'apothicaire pouvait, mieux que de toute
autre, entendre, la nuit, les appels des clients.

— La *chaire à dos* est un fauteuil lourd, fixe, à haut
dossier et dont le siège à charnière sert de couvercle à un
coffre. C'est un des beaux meubles, héritage du Moyen-
Age. — Ne pas le confondre avec le *Cados* (contraction de
caielle à dos), meuble essentiellement picard et qui n'est
autre chose qu'un fauteuil, ouvrage de chaisier, léger, à
dos, accotoirs et siège en paille. Le *cados* est aussi et surtout un fauteuil bas, massif et très stable pour les jeunes
enfants. — La forme *cadot* est maintenant plus employée :

> *Da ch'cuin de ch' fu,*
> *Ch' cadot de ch' moite,*
> *Tout conte ch' ju,* (encadrement de la cheminée)
> *S' cœuffe à l' coyette...*

> (R. de Guyencourt, Atrinq. p. 8).

— V. n°s 311 et 345, et les notes au bas de chacun d'eux.

404 *Trouvé en une layette.*

Primes, une cédulle signée de Thomas Soret,
en dacte du II° décembre v° xvi, par la quelle
appert icellui Soiret estre tenu envers ledict
deffunct en la somme de xi escus soleil pour
les causes, etc... coctée. . . . . . . A

405 It. une quictance passée par devant Pierre
de Monchy et Jehan Castellet, auditeurs
royaux, par Philippe Cocquel audit deffunct,
touchant les affaires de Mariette de Louvegny
coctée . . . . B

(404) *Layette*, coffret assez petit puisqu'il entrait dans
la chaire à dos du n° précédent. Littré la définit excellem-
« ment : « Coffre léger, de petites dimensions, plus parti-
« culièrement réservé à la conservation des papiers dans
« les archives ». Ce mot, qui ne se retrouve avec son sens
originaire que dans *layétier-emballeur*, désigne aujourd'hui
tous les linges destinés à un nouveau né. Le contenant est
pris pour le contenu, tout comme l'est une « *corbeille de
mariage* », depuis le milieu du xviii° siècle environ.

— « *Cedule* est synonyme de billet, pour indiquer un
« engagement sous-seings-privés » (Chér. v° cédule). La
cédule, au sens de reconnaissance, est opposée à l'obligation par acte notarié, dans l'art. 2274 du Code civil.

— *L'écu soleil*, en novembre 1475, valait une livre
tournois, treize sous, et, en août 1519, deux livres tournois.

— *Coctéc*, cotée. — La cote est ici non pas une chemise de dossier, mais la marque alphabétique servant à
classer les diverses pièces dont se compose un inventaire.

(405) Sur *quittance*, quittance v° n° 412. — Les auditeurs royaux ne sont pas ici des officiers de judicature qui,
sous l'ancien régime, assistaient aux audiences de la Cour
des comptes et au Châtelet (V. Pasquier, Rech II, 5) ; mais

406 Une lectre en parchemin donnée de Mons, l'abbé de St Jehan lez Amiens, en dacte du xvii⁰ septembre v⁰ xvii [(1) 517] faisant mention de bail faict par le dict abbé religieux et couvent de St-Jehan de iiii journeulx de terre moyennant etc... coctée.   C

bien « des notaires ou témoins assistant à la passation ou à « la lecture d'un acte et qui y apposaient leurs signatures ». (Larousse, v° auditeur). —·Cf. *Sufra*, p. 82 et 97. – Sur *Mariette de Louvegny*, v. p. 85 et n° 412.

(406) Il est peu probable que J. de Louvegny ait loué une terre de cette importance, pour en faire un jardin de pur agrément, mais bien plutôt pour y cultiver les plantes médicinales, les simples dont nous avons trouvé les noms dans l'inventaire et qui figurent dans le « *Jardin des simples* » (M. rust. t. II, p. 35s et ss.). — Citons notamment : absinthe, armoise, basilic, bourrache, buglose, capillaire, chicorée, fumeterre, gratiole, génevrier, grémil, groseilles, hellébore, jacinthe, lierre, marjolaine, marube, mélilot, pavot, rhubarbe, roses, violettes, etc.

— *Nicolas Lagrené*, 31°, abbé qui, précisément en 1517, avait hérité des titres d'évêque d'Hébron et de suffragant de François d'Halluin, 68° évêque d'Amiens, à la mort de Nicolas de la Cousture. (V. note, p. 99 *in fine* et *Ann. Abbaye de St-Jean d'Amiens*, par Maurice du Pré, Amiens, Courtin, 1899, p. 140).

— Le *Journal* (au pluriel, journaux, d'où *Journeulx*), mesure agraire excluc des actes notairiés, mais encore d'un usage courant dans la Picardie « correspond à ce que peut « faucher de blé un homme dans sa journée ». (Chér. v° journal. — Le journal varie de village à village. Specialement celui du bailliage d'Amiens était de 42 ares 20 centiaires (Réd. Mes. *passim*).

407 lt. une cédulle en pappier signée Robert de
Louvegny en dacte du II jour de juing Vᶜ XVIII
par laquelle appert le dict de Louvegny devoir aud delfunct XL livres t. pour les causes
etc... cocté , ... D

408 lt. ung transport en parchemin donné des
maïeurs et eschevins d'Amiens, par lequel
appert Nicolas Guénart avoir transporté à
Colard Picard la somme de XXXVI livres à luy
deue par Claude Desjardins, pour les causes,
etc... cocté. . . . . . , ... E

(407) L'acte de ratification de vente de 1511, p. 76, nous
a révélé l'existence d'un frère de Jehan de Louvegny, du
nom de Nicolas, habitant Évreux. Peut-être s'agit-il ici
d'un autre frère ? Mais ce n'est là qu'une hypothèse.

(408) Bien qu'il y ait encore en Picardie et même à
Amiens des familles du nom de Soret ou Soiret (n° 404),
Cocquel (n° 405), Guenart (n° 408) ou Guérard (n° 409),
Desjardins (nᵒˢ 408, 400, 412), nous n'avons pu retrouver
dans nos archives, aucun de ceux figurant au présent inventaire. Ils n'étaient donc pas des fournisseurs de l'échevinage. Il convient de plus d'ajouter que, de fin août 1513
à 1518, « il y a une lacune de cinq ans, représentant sans
« doute un registre disparu », d'après M. Durand, archiviste, lacune qui augmente encore la difficulté des recherches.—Aucun des noms de famille relevés dans les papiers
de Jehan de Louvegny, ne se trouve non plus dans A. Dubois, à l'exception toutefois des Colard qui, depuis leur
établissement à Amiens, paraissant remonter à 1420, y
étaient encore largement représentés un siècle plus tard,
à l'époque de la mort de Jehan de Louvegny. (A. Dubois,
et Arch. Comm. *passim*).

409 Item une obligation en parchemin par laquelle appert Claude Desjardins devoir de
reste à Nicolas Guérard (*sic*) la somme de
xxxvi livres, pour les causes, etc., donnée des
maire et eschevins d'Amiens, en dacte du
xxviii juillet v^c xvii (1517) cocté . . . F

410 It. un fœullet de pappier où sont contenues
aucunes parties baillées à Mr Pierre Sans
Soucy, montantes à xxvii sous vii deniers
cocté . . . . G

411 It. unes lectres en parchemin faisans men-
cion de la création de tuteurs faicte aux enf-
fans myneurs dudit deffunct, de Jacques et
Jehan d'Amiens en dacte du xviii avril v^c iiii
(1504) cocté . . . . H

(409) Obligation par acte authentique, par opposition à
la cédule du n° 404, où les seules parties interviennent.

(410) *Parties*, au pluriel, mot tombé en désuétude, signifiait encore du temps de Molière, les mémoires où sont
énumérés tous les articles faits, fournis ou vendus. —
« Ce qui me plaît de M. Fleurant, mon apothicaire, dit
« Argan, c'est que ses parties sont toujours fort *civiles*...
« (rédigées correctement). Mais ce n'est pas tout d'être
« civil ; il faut être aussi raisonnable et ne pas écorcher
« les malades. » (Mol. Mal. imag. A. 1er, Sc. 1re).

— Dans le langage du palais, la *partie civile* est le plai-
gnant (plaideur, *pars*) qui, en son nom et dans son propre
intérêt, réclame des réparations civiles, ou dommages-
intérêts, à un accusé contre lequel le ministère public, appelé autrefois *partie publique*, requiert, au nom de la société, l'application d'une peine, corporelle ou pécuniaire.

(411) *Lectres*, — « Lettres, se dit de certains actes qui s'ex-

412 Item unes autres lectres en parchemin sous
le seel royal de la baillie d'Amiens en dacte
du iiii septembre v^c xv par la quelle appert
Claude Desjardins, avoir quicté led. deffunct
des biens à lui promis en mariage, cocté.   1

« pédient sous le sceau (ici *seel*) de quelque autorité ou de
« quelque communauté ou compagnie ecclésiastique ou se-
« culière ». (Litt. v° Lettre). — Les lettres de ce n° devaient,
comme celles du n° suivant, porter le sceau du bailliage
d'Amiens. — « Cesceau avait un écusson de forme triangu-
« laire, offrant trois fleurs de lys, environnées de six roses,
« avec cette inscription : Sigillum Baillivix Amb. »
(Dusevel, Hist. d'Amiens, Amiens, Caron, 1848, p. 248).

— *Jacques* et *Jehan d'Amiens* étaient vraisemblablement
des voisins de Jehan de Louvegny, car ils étaient orfèvres
l'un et l'autre. — Une mention du premier se trouve en
1516. (Arch. Comm. C.C. 93 f° 105, v°), sous le nom de
Jaque d'Amiens, orfèvre. — Le second était le fournisseur
attitré de l'échevinage : « A Jehan d'Amiens, la somme de
« LXXVII sous pour avoir fait et livré pour ladite ville une
« grant trompe de leston, chaudée (doublée) d'argent,
« quy avoit esté ordonnée estre faicte pour sonner ou
« Belfroy les heures de la nuyt, durant que le Roy estoit
« en la dicte ville... » 1514. (Id. C. C. 91. f° 145). — « A
« Jehan Damiens, orfèvre... pour avoir faict une trom-
« pette servant à faire les criz et publications de ceste
« ville » 1518. (Id. f° 165 v°).

(412) Sur *lectres*, V. n° 411. — *Quicté* est ici pour
quitté. « Quitter, exempter, affranchir, ce qui est le pre-
« mier sens, puisque quitter vient de quitte. » (Litt. v°
Quitter). L'acception de libération s'est maintenue dans les
expressions quittance et *quitus*, (du lat. *quietus*, tranquille).
— Sur Claude Desjardins, V. p. 85.

413 *Item en la dicte chaiere ou les dictes
lettres ont été prinses et remises avec
la dicte laiette prisée* XII *sous.*

It. une inventerre en parchemin faicte à la re-
queste dud. deffunct et Philippe Cocquel, tuteurs et curateurs des enfants mineurs de luy
et demiselle Jehenne Cocquel. des biens délaissés par lad. Jehenne Cocquel cocté .   K

414 It. le testament en parchemin de la dite
Jehenne Cocquel cocté. L

(413) *Chaière.* — Il s'agit sans aucun doute de la chaire à
dos de bois de quesne, longuement décrite au n° 403.

— Cette *layette*, ou petit coffret, prisé XII sous, ne devait
pas être *omple* comme celui du n° 369, qui n'est pas prisé.

— Sur *lectre*, V. n° 411.

— La forme *Demiselle*, pour damiselle, damoiselle puis
demoiselle, est assez rare dans le vieux français. On rencontre néanmoins cette forme dans deux textes anciens
picards bien antérieurs à 1520, notamment : M. éc. Brug.
p. 12 et 20 et aussi dans Pathelin, vers 848. (V. *Les Jar-
gons de la farce de Pathelin*, par L. E. Chevaldin, Paris,
Fontemoing, 1903, p. 280). — Cf. *Demiselage :* « qualité
« de demoiselle, de femme non mariée » ; expression relevée
dans un acte de 1303. (God. v° Demesellage).

(414) Le manuscrit ne porte absolument que cette mention de ce testament dont la teneur eût fourni d'utiles renseignements sur la composition de la famille de Jehan de
Louvegny Encore plus devons-nous regretter de n'avoir
pas le testament de Jean de Louvegny lui-même, dont il
est parlé dans l'intitulé du présent inventaire (p. 102). On
peut supposer que cet acte de dernière volonté avait été
déjà déposé à l'échevinage, comme il a été expliqué p. 98.

415 Item un bourderel couvert de parchemin
    contenant iiii^{xx} xiii fœulletz, tant escript que
    non escript, où sont contenues aucunes par-
    ties dues audit deffunct par plusieurs per-
    sonnes, cocté.   .   .   .   . **M**

416 It. ung autre bourderel coutenant iii^{xx} xiiii
    fœulletz cocté.   .   .   .   . **N**

417 It. ancorres ung autre bourderel contenant
    ii^{c} xiii fœulletz cocté .   .   .   .   .   . **O**

(415) *Bourderel* n'est ni dans Godefroy, ni dans Corblet,
ni dans Jouancoux. C'est évidemment le bordereau moderne, note explicative et détaillée, article par article. —
Littré considère ce mot comme un diminutif de *bord*, petit
bord de parchemin. — Sur la *numération par 20*, v. n° suivant. — Sur les *fœuilletz* v. n° 417.

— Sur les *parties*, v. n° 410.— *Adde* : deux comptes d'a-
pothicaire, le premier comprenant une période de 1609
à 1613, le second de 1757 à 1763 (Gran. p. 81 et ss.).

(416) « iiii^{xx}, c'est-à-dire *treis* (trois) vingt ou trois fois
« vingt = soixante. » (Corblet, gl. pic. p.154).— Cf. ce passage de la Genèse (chap. VI, verset III, trad. de Sacy) : « Le
« temps de l'homme ne sera plus que de six-vingts ans ».

Ce système de numération par 20 était, paraît-il, en
usage chez les Gaulois. — Les maquignons comptent encore par pistoles de 10 francs, et les merciers par grosses
de cent quarante quatre unités, soit par douze douzaines.

(417) Sur *Bourderel* et la numération par 20, v n°^{s} 405
et 406.

Le *fœullet* est le *folio* avec ses deux pages *recto* et *verso*.

Le présent inventaire, comprenant l'intitulé et les 417 n°^{s}
qui le suivent, forme un cahier de douze feuillets en papier très commun de 406 mm. de hauteur, sur 285 mm. de
largeur, sans aucun filigrane.

Ce n° 417 clôt l'inventaire dressé au décès de Jehan de Louvegny.

On sait qu'au point de vue de la législation, il n'est pas possible de remonter, pour les scellés et inventaires, au delà des lois romaines ; mais le Moyen-Age en avait scrupuleusement conservé les formalités essentielles qui ont persisté d'ailleurs dans la pratique notariale actuelle. En effet,

Tout inventaire doit contenir : (1).

1° *Un intitulé*, c'est-à-dire l'indication des noms et qualités des parties, du lieu et du but de l'opération ; formalités que nous trouvons toutes accomplies dans l'intitulé des pages 101 et 102.

2° *Une prisée avec description sommaire* du mobilier soumis à l'estimation, tel que meubles-meublants, linges, hardes, bijoux, argenterie, marchandises, ustensiles, fonds de commerce. — Notre inventaire très détaillé, est d'une pré-

— Le mot *inventaire* a été, depuis longtemps et même par J. J. Rousseau, employé aussi pour désigner « une « sorte de panier plat d'osier ou de bois que les marchandes « portent devant elles attaché avec deux sangles à leur « ceinture ». (Hav. v° Inventaire). — Aujourd'hui on nomme ces paniers, en forme de van, des *Eventaires*. — Le premier mot dérive incontestablement du latin *inventum*, supin de *invenire* trouver. — *Eventaire*, d'après Littré, vient de ce que ceux qui s'en servent sont *à l'évent*. — Toubin le fait dériver « d'*é* exprimant la matière dont la « chose est faite, et du sansc. *vé*, tisser, *véni*, tissage. » Cette seconde étymologie, que Toubin a d'ailleurs em pruntée à Burnouf, nous parait préférable à la première.

(1) Dalloz alph. v° *Scellés* et *inv.* p. 703 et 742.

cision extrême, en ce qui touche les drogues et le mobilier. Mais il est muet sur le fond d'apothicairerie ; c'est que, s'agissant d'une profession libérale,il n'était pas alors question d'achalandage ou de *pas de porte*, pouvant être considéré comme un actif de la succession d'un commerçant.

   3° Un classement des papiers par cotes et par pièces dans chaque cote, avec extrait analytique des titres et papiers relatifs à l'actif et au passif à inventorier. — A ce point de vue, cet inventaire est très défectueux surtout dans sa troisième partie relative aux papiers. Ceux-ci sont bien cotés, mais leurs analyses sont d'une insuffisance absolue par suite de leur laconisme. Ce qui nous faisait dire (p. 8) que nous n'avions reproduit l'inventaire des papiers, que pour donner, en son ensemble, l'inventaire de J. de Louvegny. Aussi le lecteur nous pardonnera de n'avoir envisagé ces papiers que par leurs à-côté, en y relevant les petits détails pouvant offrir quelque intérêt, au point de vue philologique, le seul qui nous restât désormais.

   4° Les déclarations de l'actif et du passif. — L'actif, c'est-à-dire ici les créances à recouvrer des clients, devait ressortir spécialement des mémoires, cotés M, N et O. Quant au passif, il se composait des dépenses courantes de ménage dont aucune cote ne fait mention ; mais peut-être Jehenne de Bourdon, en ménagère avisée, achetait-elle au comptant ses fournitures quotidiennes.

5° Enfin, après une prestation de serment par qui de droit sur la sincérité de l'inventaire, l'indication de la clôture de cette opération et du nom de la personne constituée gardienne des choses inventoriées ; le tout constaté par vacations dans la forme d'un procès-verbal.

L'original s'arrête au n° 417, sans aucune des indications qui précèdent. Mais il ne faut pas oublier qu'avant le code de procédure civile, il suffisait notamment que la prestation de serment fût mentionnée dans le commencement ou intitulé de l'inventaire.

Ces lacunes s'expliquent d'autant mieux que tous les inventaires de cette époque dont il nous a été possible de prendre connaissance à la bibliothèque d'Amiens, et dont nous avons donné la liste dans la note de la page 99, ne sont pas des minutes, mais de simples expéditions ou grosses ou plutôt même des copies où ne se trouvent reproduites que les parties absolument indispensables des actes dûment reçus par l'échevinage en minutes, seules revêtues des signatures des parties qui y avaient figuré à un titre quelconque, comme continuateurs de la personne du *de cujus*, exécuteurs testamentaires, experts priseurs jurés et assermentés, sergents à masse, etc.

CHAPITRE XII

CONCLUSION

—

*Parallèle entre l'apothicaire et le pharmacien.
— Réhabilitation de l'apothicaire.— Situation
sociale de Jehan de Louvegny à Amiens.*

L'inventaire de Jehan de Louvegny pourrait
donner lieu à d'intéressantes monographies.

Sa première partie, relative aux drogues mé-
riterait, ce semble, de solliciter les recherches
d'un savant, pharmacien de profession, doublé
d'un botaniste. Il serait curieux de rechercher ce
que la science moderne a conservé des médicaments anciens, de montrer les causes du décri
dans lequel sont tombés les autres, etc., etc.

Quant à sa seconde partie, qui traite du mobilier, nous nous sommes efforcé de l'éclairer, par
des documents locaux et contemporains, nous
contentant d'apporter à pied d'œuvre des maté-
riaux, à l'aide desquels plus d'un de nos confrères
de la Société des Antiquaires de Picardie pourra,
bien mieux que nous, reconstituer, de toutes
pièces, un intérieur bourgeois d'Amiens, de la fin
du xv⁰ siècle et du commencement du xvi⁰.

La troisième partie parait condamnée à ne jamais donner lieu à de plus amples développements

que ceux qui ont fait l'objet du chapitre VII de ce travail, p. 75 et ss. et des notes du chapitre XI, p. 202 et ss., à moins toutefois d'une trouvaille, assez improbable, des minutes analysées.

Dans ces conditions, nous avons pensé qu'il fallait limiter le champ des conclusions à tirer de cet inventaire, et que la personne de Jehan de Louvegny, en tant qu'apothicaire, (1) devait exclusivement nous retenir.

Au point de vue de sa profession, c'est en effet une curieuse époque que celle où il tenait boutique, à Amiens, de 1487 à 1520. Sans doute l'on n'était déjà plus au temps où l'art de guérir était comme un champ ouvert à tous et, où les *medici* (médecins) voyaient leur clientèle s'éparpiller chez les *chirurgi* (chirurgiens), les *tonsores* (barbiers), les *aliptes* (masseurs-étuvistes), les *renunctores* (rebouteurs) et les *obstetrices* (accoucheuses). Mais les « *remèdes de bonnes femmes* » faisaient une sérieuse concurrence aux drogues des apothicaires.

Cependant les professions libérales n'étaient pas encore bien définies. Notamment, à la fin de décembre 1487, on relève dans les comptes de la ville d'Amiens : «... à Jehan de Wilaumez, « *barbier et chirurgien*, pour avoir visité et gary « deux manouvriers qui avaient été navrez par « fortune des engiens, aux ouvrages d'icelle « ville la somme de... » (2).

(1) V. p. 61 et ss.
(2) Arch. Comm. C. C. 65, f° 149.

Le lecteur se rappelle qu'à l'origine la profession d'apothicaire ne se bornait pas au dosage et au débit des seules drogues (1). L'apothicaire empiétait sur bien des métiers qui n'avaient avec le sien que des rapports assez éloignés. Mais si, au point de vue commercial, il ne dédaignait pas d'étendre le champ de son activité, il manifestait néanmoins des tendances marquées à se grandir, et à s'assimiler aux médecins. C'est ainsi que, le 20 décembre 1503, l'échevinage reçoit une « re-« queste présentée par Jehan Delattre et Jehan « de Louvegny, *apothicaires*, demandant inter-« diction et delfense estre faicte à ung homme « d'église, estant en icelle ville, nommé Sire « Pierre de Denon, practiquer l'*estat de méde-« cine*. » (2).

L'entente entre les médecins et les apothicaires était donc absolue (3). Et pouvait-il en être autrement, quand de Louvegny composait consciencieusement les magistères, sous les yeux de son

(1) Dans le testament de *Petrus Speciator* (XIIIe siècle, Avignon), les pharmaciens sont dénommés *speciarii* de *species*, épices, *apothicarii* de *apotheca*, boutique, *pebrarii* ou *piperarii*, marchands de poivre et quelquefois *aromatarii*, marchands d'aromates. (Gran. p. 21).

(2) Arch., comm. B. B, 20, f° 30.

(3) « Le médecin au Moyen-Age s'appelait *myre* ou *mire* : « mot dérivé du latin *myrrham, onguent* ; dérivé par syn-« cope de *medicarius* ». (Rab. III. v° myre)(?). — Cf. ce ré-bus d'H. Estienne (1470-1521), relevé dans Littré. v° myrrhe : « *De bonne myrrhe playe puante*, pour *débon-« naire mire fait playe puante*. »

crucifix et de sa Nostre-Dame, (1) et alors surtout
que n'avaient pas encore été sophistiqués, comme
ils ne devaient pas tarder à l'être, les mirobolans (n° 39 inv.), le musc (n° 34), le galanga (n° 48),
le spodium (n° 24), la tuthie blanche (n° 65), la
thériaque (n° 131) etc., etc. (2)

Qu'il nous soit permis de dépasser d'un demi-
siècle les limites de cette étude pour montrer
comment l'apothicaire a pu déchoir, par la suite,
de la « *très grande conséquence* », où l'avait
justement élevé l'opinion de ses concitoyens.

Les sophistications dont nous venons de parler
n'avaient pas bien sérieusement entamé la réputation des apothicaires. La malignité publique se
trouvait suffisamment vengée, en les traitant de :
*cuisiniers de médecins, abuseurs, quiproquo-
queurs,* (3) ou *fricasseurs d'Arabie.*

(1) Il est assez étrange de trouver dans un laboratoire
d'apothicairerie, un Crucifix, qui, au rapport d'Havard,
était une pièce aussi rare à l'époque de la Renaissance,
qu'elle devait devenir commune aux deux siècles suivants.
Il est vrai de dire que jamais, à Amiens, le sentiment religieux ne fut plus développé que sous les épiscopats de Pierre
Versé, de Philippe de Cléves et de François de Halluin.
(V. J. M. Mioland, actes de l'Eglise d'Amiens, Amiens,
Caron, 1848, t. I. p. LVI et ss ; et Soy. p. 142 et ss). — Ce
dernier évêque, en raison de son jeune âge, avait eu pour
auxiliaire ou suffragant M. de la Cousture. (V. notes,
p. 99, *in fine* et n° 406).

(2) Sur les sophistications, V. Gran. p. 16 et ss.

(3) « *Quiproquo d'apothicaire :* médicament donné pour
un autre ». (Littré). — Etym. lat. : *Qui(d) pro quo.*

Cependant la guerre allait éclater entr'eux et les médecins, surtout à l'occasion de l'antimoine, « le *régule, le roi des métaux* ».

Déjà, en 1637, Jean de Renou témoignait d'une réelle dureté envers les pharmaciens. « Le méde-
« cin et le pharmacien, disait-il, ont beaucoup de
« choses communes ensemble, comme la pru-
« dence, la probité, etc... ; mais la pharmacie est
« inférieure à la médecine comme la chambrière à
« sa maîtresse et est subjecte à icelle... C'est
« pourquoy toutes fois et quantes qu'il arrivera
« qu'un pharmacien se voudra émanciper de fran-
« chir les bornes de son art et de sa cognaissance
« et se promettra de montagnes dorées de science,
« il mérite et doit estre tenu téméraire et char-
« latan ». (1)

Renchérissant sur J. de Renou, Philibert Guy-
bert publiait, en 1644, « *Le médecin charitable* »,
permettant de se passer d'apothicaire ; Guy Patin
écrivait ses lettres acerbes contre « *ses chers en-
nemis* », et même son confrère Haultin ne craignait
pas de définir l'apothicaire : « *Animal fourbissi-
« mum, faciens bene partes et lucrans mirabi-
« liter* » (2).

Tout cela n'était rien encore : les écrits des savants, surtout en France, tuent moins que le
ridicule. La seringue en métal, l'*escopette d'Hip-*

(1) Ren, p. 3.
(2) Franck ; p. 19 et ss.

pocrate, venait d'être inventée (1). Singulièrement en faveur déjà sous Louis XIII (2), elle atteint sous son successeur l'apogée de sa gloire (3); bientôt enfin elle trouve son héros, dans M. Fleurant, l'aide obligé de Diafoirus et de Purgon (4). Il n'en fallait pas davantage pour que l'apothicaire, baptisé tour à tour de *mousquetaire à genoux, limonadier de postérieurs* (Vadé), *d'artilleur de la pièce humide* (appellation appliquée depuis 1831 au général Lobau)(5) reniât son passé pour devenir *Pharmacien*.

Et dire que, dans ces derniers temps, il s'est trouvé un savant auteur qui ne s'est pas contenté d'expliquer cette débaptisation, au point de vue purement synonymique, mais ajoute : « L'apo-« thicaire (du grec, *apotèqué* dépôt), se borne à « vendre ; le pharmacien (du grec *pharmacon*,

(1) « Encore en 1581, on donnait les clystères avec une « poche de cuir ou une vessie qu'on pressait. Cette fascon « ne vaut pas la seryngue qui depuis a été trouvée (Rec. Recettes, Bib. Rich. ms. fr. n° 640). — Cf. Invent. de 1453 à Avignon : « Deux bourses de clystère ». (Gran. p. 49) et aussi un invent. de 1694, à Auxerre : « une seringue neuve « destain, avec son étui de mesme, n'ayant encore servy... 4 l. t. » (Bull. Yonne 1899 p. 251).

(2) Louis XIII prit en un an deux cent quinze purgations et trois cent douze lavements. (Frank, p. 66).

(3) Vallot, *passim*.

(4) Molière, *Le Malade imaginaire*, représenté, pour la première fois, au Palais-Royal, le vendredi 10 février 1673.

(5) *Adde : Insinuant*, dans l'argot expressif et imagé des cambrioleurs. (Delvau, v° insinuant).

« remède), en prépare, en compose ; c'est la
« même différence qu'entre le *confiturier* et le
« *confiseur*. L'apothicaire n'est qu'un boutiquier,
« le pharmacien est un savant, un chimiste.

« L'apothicaire rappelle enfin l'une des fonc-
« tions les moins relevées, celle de M. Fleurant.
« Quoi qu'en pense Ch. Nodier, ce n'est pas par
« caprice que le mot d'apothicaire est remplacé
« aujourd'hui par celui de pharmacien : personne
« ne se soucie de porter un nom qui représente la
« profession dont il s'agit sous des points de vue
« vraiment peu avantageux ». (1)

Nous estimons au contraire que Ch. Nodier a
raison. Il n'y a là qu'une question de mode. L'a-
pothicaire est devenu pharmacien, tout comme
son *clystère*, qu'une préciosité niaise a transformé
en *lavement* et puis en *remède* (2). Ainsi encore le
magister s'est érigé en maître d'école et plus tard
en instituteur, le bourreau en Monsieur de Paris,
d'Amiens, le portier en concierge, etc. Mais

Le monde est plein de gens qui ne sont pas plus sages.

En quoi donc au surplus le pharmacien préten-
drait-il à quelque prééminence sur son confrère du
Moyen-Age ou de la Renaissance ?

Ce dernier au moins composait selon la formule,
et, s'il lui arrivait d'écorcher le client, c'est que
lui-même avait été indignement exploité dans ses

(1) Lafaye v° apothicaire, suppl.
(2) Réb. pie. p. 136.

achats de bézoard (1) d'usnée (2) de graisse humaine, de momie (3) et autres drogues qui, après tout, n'étaient que de l'onguent *miton - mitaine* « faisant autant d'effet qu'un cautère sur une « jambe de bois » (4).

« Cela ne valait-il pas tout autant, dit sévère- « ment M. Pontier, que de vendre sans ordonnance, « des poisons qui, sous couleur de médicaments, « font payer chèrement la folie et la mort, des « spécialités, drogues ou eaux, exploitées par des « sociétés anonymes mettant la santé publique en « actions aux porteurs » (5).

Mais, sans apporter tant d'aigreur dans la discussion, qu'il suffise de rappeler que, si les pharmaciens peuvent se réclamer de Lowitz, Baumé, Robiquet, Soubeyran, Pelouze, Dumas, Clarke, Balard et Berthelot, et aussi de deux picards, Parmentier et Lapostolle, en revanche, les apo-

(1) Bézoard p.: Produit animal de diverses provenances (P. P. II partie, p. 10, 18, 31, 39, 61 ; et Frank. p. 153).

(2) Usnée : Mousse verdatre de têtes de mort. (P'.P p.7). — V.Renou, p.488 : « Des animaux ou de leurs parties que « le pharmacien doit tenir dans sa boutique.» Cf Frank.p.99.

(3) Voir Inv. n° 1er.

(4) Cet onguent est connu dès le milieu du XVIIe siècle :

> *Ou bien plustost, chose certaine,*
> *C'est de l'onguent miton-mitaine,*
> *Qui, sur le corps d'un animal,*
> *Ne fait jamais ny bien ny mal.*

> *(Le médecin politique* (Mazarinade). 1652 in-4° p. 4).

(5) Voir Pontier, dernier chapitre : Conclusion.

thicaires s'énorgueillissent, avec tout autant de raison, d'avoir eu pour précurseurs Raymond Lulle, Albert le Grand, Sylvius, pour confrères Scheele, Priestley, le Lasca, Davy, et, au dessus d'eux tous, l'immortel Newton.

Le lecteur nous pardonnera cette digression, provoquée par la citation de M. Lafaye, et qui, d'ailleurs, trouve, sinon son excuse, du moins son explication, dans notre désir de placer Jehan de Louvegny, sous son véritable jour.

Après cette réhabilitation de l'apothicaire de l'époque de la Renaissance, revenons à Jehan de Louvegny, pour rechercher les principales causes de la haute situation qu'il occupait dans la société amiénoise, en nous reportant, par la pensée, à l'époque où il exerçait sa profession.

Initié aux livres empiriques de l'Orient, aux élucubrations des Nicolas Mirepse, des Mesué, des Nicolas Flamel, il semblait encore entouré de cette auréole mystérieuse qui avait fait tout le triomphe des alchimistes à la recherche du grand œuvre, aux yeux d'une société ignorante et, partant, foncièrement crédule et superstitieuse.

Mais déjà aussi l'apothicaire avait entrevu les mystères encore inexpliqués de la chimie naissante. Sans doute la chimie organique, qui d'ailleurs date d'hier, ne lui était pas abordable, mais il connaissait les métaux principaux, et les propriétés de leurs oxydes ; il entrevoyait l'existence des métalloïdes, et les affinités pouvant exister entre les divers corps. Si bien que, s'il ne savait pas encore les composer de toutes pièces, il trouvait par une sorte d'intuition créatrice, le carbonate de chaux aussi pur que possible dans les yeux d'écrevisse, et le phosphate de chaux dans les cornes de cerf et les défenses d'éléphant. Quant aux vertus des simples, il n'avait toujours qu'à puiser dans le trésor de Galien.

D'ailleurs sa science n'était pas absolument rébarbative ; et comme, pour déchiffrer les ordonnances des médecins, rédigées en latin, (1) il savait très bien lire et écrire, on comprend que l'apothicaire était forcément l'écrivain public au service de ses clients, devenus ses amis et, par suite, le dépositaire des secrets de famille, en dehors des secrets professionnels (2).

A en juger par les cahiers des comptes dûs à son décès (n⁰ˢ 415 à 417 inv.), cahiers que nous

(1) Un compte d'apothicaire d'Avignon de 1757 à 1763 est encore en latin (Gran. p. 82. — *Id*. du Codex de 1818.

(2) Le secret professionnel, dont la violation est punie et réprimée par l'art. 378 C. P. avait déjà fait l'objet d'un édit spécial de 1477. — En 1599, un apothicaire, en « demandant ses honoraires par voie judiciaire, avait décélé certaine maladie de son débiteur ». Le 15 juillet 1599, la Chambre de la Tournelle le condamna en l'amende et dit que ses *parties* (V. n° 410) seront confisquées au profit des pauvres, avec défenses à tous apothicaires de déclarer les maladies. (A. Grenier, *Le secret professionnel*, Amiens, Douillet, 1882, *passim*).

n'avons pas eu la bonne fortune de pouvoir consulter, J. de Louvegny avait une très nombreuse clientèle ; les médecins les plus en renom lui confiaient la préparation de leurs ordonnances, et dès lors cette clientèle se recrutait surtout dans les classes riches de la société amiénoise. (1)

Il convient d'ailleurs de signaler que la rue des Orfèvres, où se trouvait sa boutique, était le centre actif et vivant de notre ville, parvenue en ce moment à l'apogée de sa prospérité.

Depuis son arrivée à Amiens, J. de Louvegny avait recueilli ou acquis des immeubles (2) et sa situation aisée augmentait encore le prestige attaché à une profession très en relief.

En effet l'apothicaire, aux termes du règlement

(1) « Condamnation des exécuteurs testamentaires de « défunte Perrine du Camp, femme de chambre de Mme de « Crèvecœur, à payer à Me Jean Aux Coustaux, licencié en « médecine, 2 écus d'or, « pour avoir pensé, médeciné et « visité ladite deffunte durant sa malladye, de laquelle elle « est allée de vye à trespas », et à Jean Louvegny, apothi- « caire, 35 s,, pour avoir fourny ès ordonnances dudit M^e « Jehan Aux Cousteaux plusieurs drogues à icelle def- « functe durant sadite maladie, » 21 octobre 1567. Arch. Comm. S. F. F. 32, fol. 43 v°).

(2) « Vente par Jean de Louvegny, apothicaire, à Jac- « ques Coustellier, cauchetier (faiseur de chausses) d'un « jardin paroisse St-Jacques, en la rue qui mène au Vi- « dame, chargé de 10 s. de cens, pour le prix de 12 l. » 27 février 1505. — (Arch, Comm. S. F. F. 28, fol. 153 v°). — Il s'était de plus rendu acquéreur d'un terrain, sis rue des Trois-Cailloux. (Communic. de M. G. Durand).

de 1576 qui reflète des ordonnances antérieures
était, de par son serment, « homme de bien, craignant Dieu ». Aussi n'est-il pas étonnant que,
dans ce même règlement, l'échevinage d'Amiens,
reconnaissant ses mérites, estimait que « sa pro-
« fession libérale avait plus d'exercice d'esprit
« que du corps ».

C'est un peu ce qu'un ancien pensait du métier
d'avocat qui, disait-il « veut plus d'huile que de
« vin ». Mais mieux vaut rappeler ce spirituel et
profond proverbe chinois : « Il faut deux yeux aux
« pharmaciens qui amalgament les drogues, tan-
« dis qu'il n'en faut qu'un aux médecins qui les
« prescrivent ; le malade qui les prend doit être
« aveugle ».

La balance que nous considérons aujourd'hui
comme un instrument de précision n'était pas à
l'origine, chez les seuls apothicaires. Elle se trouvait également chez tous les détaillants auxquels
ils étaient assimilés. C'est ainsi que, dans le midi
et notamment à Avignon, vers 1242, « les phar-
« maciens sont de *simples marchands à la ba-*
« *lance,* » suivant l'expression de l'époque (1).

Mais, par la suite, eux seuls auront le droit de
vendre au *poids médical,* — aujourd'hui on dit mé-
dicinal, — à l'aide du trébuchet, perfectionnement
de la balance primitive (2).

(1) Gran. p. 6.
(2) V. Berthelot V° apothicaire. — « Les pharmaciens
« français ont fait longtemps usage de la livre romaine

Leur docte profession étant considérée comme essentiellement libérale, nous ne voyons pas le nom des apothicaires figurer dans « *l'ordre des* « *Cierges* que portaient les corporations à la pro- « cession, le jour du Saint-Sacrement » (1).

C'est pour cette même raison, sans doute, que l'on a pu trouver, sous les nos 384, 385 et 386 de l'inventaire, l'équipement militaire de Louvegny. Il n'était pas comme certains « officiers et autres « exempts de porte, guet et réveil » (2), toutes corvées réputées honorables.

« composée de 12 onces, l'once de 8 drachmes, le drachme « de 3 scrupules, et le scrupule de 24 grains. La livre égale « 0 kilog. 96 ; l'once 32 grammes ; le drachme, 4 grammes ; « le scrupule 1 gr. 20 ; le grain, 0 gr. 05 ». (Ror. p. 94). — Maintenant la plus petit poids est le milligramme ; mais les granules de digitaline sont dosés au quart de milligramme et d'autres le sont même au dixième.

(1) « Le cierge des laboureurs premier portant, bou- « langers après, brasseurs, taverniers, bouchers, pois- « sonniers de mer, id. d'eau douce, maronniers, broutiers, « guelderons, tanneurs, cordonniers, sueurs de viez, tas- » setiers et boursiers, gantiers, pelletiers, tisserans de « drap, pareurs et tondeurs, pourpointiers, parmentiers, « chaussetiers, bonnetiers, chapeliers, merciers, pastis- « siers, caytiers, tisserans de toille, couvreurs, mares- « caux, *barbiers*, orfèvres, huchiers et charpentiers, mas- « sons, archers, arbalestriers ». (Liv. noir, p. 76).

On voit par là que déjà les *barbiers* avaient perdu de leur ancien prestige et n'étaient plus mis sur la même ligne que les médecins, les chirurgiens et les apothicaires.

(2) Dans cette liste, on relève les « différents greffiers,

Il n'apparaît pas que les apothicaires d'Amiens, en raison de leur petit nombre, aient jamais été constitués en corporation. L'on a vu, p. 72, qu'ils célébraient seulement la Saint-Luc, en l'église de Saint-Martin-aux-Jumeaux, avec les médecins (1).

Ces derniers eux-mêmes n'eurent, ce semble, une bannière, que contraints et forcés. Ils constituaient plutôt une confrérie, quand, en 1696, 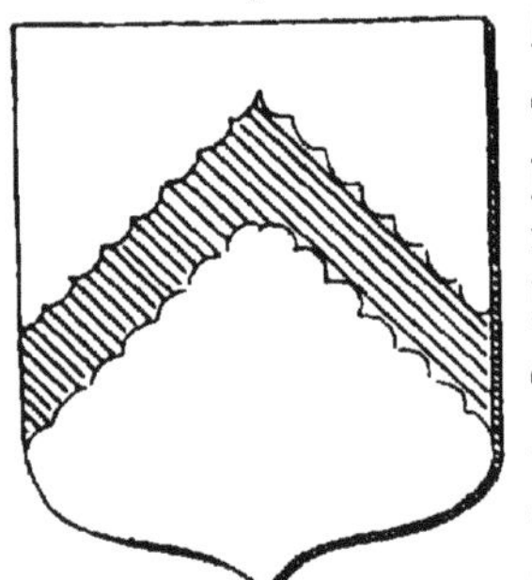 Louis XIV, pour remplir les caisses de l'Etat, appauvries par la guerre, frappa d'une redevance les familles nobles et les corporations qui déjà avaient des armes et en *imposa* même à certaines d'entre elles qui n'en avaient point. D'Hozier, chargé de ce soin, inventa pour elles une sorte de type passe-partout, dans lequel l'*engrelure* (dentelure)

« huissiers, sergents, contrerolleurs de la Ville, le hérault,
« l'horloger, les portiers, les déchargeurs de vin, les deux
« *chaininiers*, les guetteurs, le clocheteur du beffroy, le sai-
« gneur des pestiférez et l'exécuteur de la haulte justice. »
(Liv. noir, p. 77).

(1) « A Paris, la corporation des apothicaires avait pour
« patron St-Nicolas, à cause que leurs marchandises vien-
« nent par mer et par le moyen des pilotes et mariniers
« dont St-Nicolas est encore le patron, ou à cause du tom-
« beau de St-Nicolas, à Mire, d'où il sort une huile qui
« opère de merveilleuses guérisons. » (Sauval, Rech. sur
« Paris, t. II, p. 479).

joua le principal rôle. Or la seule bannière connue des médecins d'Amiens porte un écu d'argent au chevron engrelé de sinople (vert) (1).

Mais, bien que l'apothicaire du premier quart du XVI° siècle ne fit partie d'aucune corporation, sa personnalité n'en émergeait pas moins au dessus de ses concitoyens ; et il ne sera pas étrange de voir plus tard deux apothicaires parvenir à la maîtrise de la pieuse et littéraire confrérie du Puy - Notre - Dame d'Amiens (2).

Jehan de Louvegny qui exerçait déjà sa profession en 1487, mourait en 1520, l'année même de *l'entrevue du camp du drap d'or*. On peut

(1) Plus heureux que ceux d'Amiens, les apothicaires de Saint-Lo, de Caen, de Vire, de Cambrai, portaient les premiers : d'azur à la seringue d'argent mise en fasce ; les seconds : de sable à la seringue d'argent mise en pal ; les troisièmes de gueules au tronc d'arbre d'or surmonté d'un coq d'argent et enlacé de deux serpents de même (Lacroix p. 185) ; les quatrièmes : de gueules à la fasce d'or chargée de deux serpents enlacés et lampassés du champ, accompagnée de trois pots d'argent posés 2 et 1. (Coulon ; Apoth. p. 2, 207 et ss.).

(2) En 1552, Pierre Pièce, marchand et apothicaire, avait adopté comme devise palinodiale :

De Jésus-Christ Vierge et mère féconde.

et, en 1599, celle de Nicolas Lebel, apothicaire, était :

Ton nom sur nous est une huile de grâce.

(Rigollot, p. 478 et 501).

P. Pièce avait un chiffre marchand et même des armes (E. Soyez, N.-D. de Foy, Amiens, Yvert, 1897, appendice).

donc dire que sa vie s'est écoulée pendant la plus belle période de notre histoire locale, celle où « les « arts se sont développés, sous l'influence de l'es- « prit de foi, des libertés communales et de la « prospérité industrielle » (1).

Alors s'élevaient les gracieuses églises, l'ori- ginale porte Montrescu, les pittoresques maisons à pans de bois. L'intensité artistique était portée à son comble par les maîtres des tableaux du Puy, et les sculpteurs des stalles de la Cathédrale ; les concours de la célèbre confrérie exaltaient le goût des lettres, et il n'était pas jusqu'aux rébus qui n'entretinssent l'éveil des esprits. (2)

Au *clore*, c'est-à-dire au moment que la lu- mière incertaine d'une chandelle de cire, fichée dans son chandelier à *broc*, ne permet plus à de Louvegny de composer sûrement ses *magis- tères*, l'*Ouvroir* du *Fauconnier* devient le rendez- vous de l'élite de la société amiénoise.

Sur les *escames* de chêne et les *caielles* de frêne s'assoient, toutes préseances mises à leurs pieds, mayeur, juges, médecins, sergents à masse, enlumi- neurs, entailleurs d'images et maîtres maçons (3).

(1) Cal. t. 1, p. 474.

(2) Réb. pic. p. 6. — *Addc* : *id*. p. 92. « On peut, pres- « que à coup sûr, affirmer que l'album in-folio des *rébus* « *illuminés de Picardie* est de 1521 ou 1522 au plus tard ». C'est dire que ces rébus étaient en pleine vogue à Amiens, du temps de Jehan de Louvegny.

(3) Le mot *architecture* existait alors que ceux qui en

Ils *devisent* de l'événement du jour, chacun apportant dans ce commerce de la conversation, aujourd'hui oublié, avec sa tournure d'esprit particulière, la franchise, la liberté d'expressions, voire la grivoiserie, qui sont, en Picardie surtout, la note caractéristique de cette époque privilégiée.

En commentant l'inventaire de Jehan de Louvegny, nous n'avons eu d'autre préoccupation que de donner des documents certains ou des conjectures acceptables permettant de reconstituer un passé déjà lointain et si riche de souvenirs, de vivre la vie de nos pères, dans leur intérieur, dans leur milieu social et dans toutes les « ambiances » qui sont comme le reflet des caractères.

Nous osons espérer que le lecteur voudra bien trouver, dans la peine que nous a coutée cette étude, de quoi excuser sa fastidieuse aridité.

faisaient profession ne s'intitulaient modestement que *maçons* et puis *maîtres maçons*.

Plus tard ils prenaient le titre d'*architecteux*, d'*architèques* ou d'*ingénieux* : tel Zacharie de Célers, mort à Amiens, vers 1575.

TABLES ONOMASTIQUES

I⁰ Table des Objets repris en l'Inventaire

Nota :

Les n⁰ˢ indiqués sont ceux de l'Inventaire, savoir :
Pour les drogues, n⁰ˢ 1 à 288.
Pour les meubles, n⁰ˢ 289 à 402.
Pour les papiers, n⁰ˢ 403 à 417.

A

	Numéros.		Numéros.
Absinthe (Conserve d')	189	Anvers (Terre d')	190
— (Huile d')	271	Apostolorum	169
— (Sirop d')	260	Appe (Semence d')	216
Acceto citi (Cirop d')	126	Arain	331
Acori (Conserve d')	142	Arbaleste	386
Agari (Cons. de trocis)	147	Argaric	51
Agneau	402	Aristologe longue	78
Agneaulx	352	Armodates	236
Agnez (Huille d')	266	Armoise (Cirop d')	102
— (Semence d')	254	Armoniac	55
Agratte (Onguement)	160	Aromatica minima	125
Agrippe (Huile)	282	— rosata	153
Aloys citrotin	17	Arragum	275
Alomoniac (Sar)	11	Aspic (Huile d')	174
Alun cuyt	274	Auilte (Huile de)	173
— de plume	2	Aulmoire	200
Andier	342	Ayneau	323
Angret (Syrop d')	94	Azur (Pierre d')	68

P

(1) Dans X. p. 104, nous relevons les 12 pierres précieuses suivantes, dites pierres des mois. qui, on le rémarquera, sont, à très peu près, celles composant les murailles de la Jérusalem Céleste (Apocal, V. 19 et 20).

PIERRES DES MOIS :

Janvier.	Hiacinthe.	Hyacinthe(variété de zircon).
Février	Amatiste.	Améthyste.
Mars.	Jaspe.	Jaspe.
Avril.	Saphy.	Saphir.
Mai.	Emeraude.	Eméraude.
Juin.	Calcédoine.	Calcedoine.
Juillet.	Carniol.	Cornéole, corneline, cornaline.
Août.	Sardoux.	Sarde, sardoine.
Septembre.	Crisolite.	Chrysolithe, corindon.
Octobre.	Aiguemarine.	Aiguemarine (var. de béryl).
Novembre.	Topaze.	Topaze.
Décembre.	Crissobras.	Chrysoprase, agathe.

II° TABLE DES OBJETS NON REPRIS EN L'INVENTAIRE, MAIS CITÉS A SON OCCASION.

Nota :

Les numéros renvoient aux pages.

	Pages.
Fièvres malignes . . .	5
Flébotomie	74
Fricasseurs d'Arabie. .	216
Foie d'antimoine. . . .	162
— de souffre.	162
Four.	51

G

Graine (Teinture en). .	148
Grémil	116
Grenat	110
Grenouilles	5
Guède	148

H

Hénencourt (A. de). . .	89
Herbes de la St-Jean .	157
Hobbe (Obituaire de J.) .	85
Hostel	164
Hostel des Clocquiers .	199
Housseaulx	196
Huchel	199
Hyacinthe.	110

I

Ingénieux	229
Inventaires divers . . .	99
— de Louvegny	103

J

Jardin des simples. . .	204
Jaspe.	236
Jetons	186

K

Kayers	67

L

Lapis lazuli	110

	Pages.
Limonadiers de postér.	218
Livre (poids et monnoie)	103
Louvegny (Famille de).	75
— (Armes des de).	79
Luc (Saint)	171

M

Macarons d'Amiens . .	56
Magistère.	47
Marchands à la balance.	224
Marmite.	36
Marques de tâcherons .	33
Massepains de Reims. .	56
Masseurs étuvistes. . .	214
Maule	167
Medici	214
Merciers	56
Merde à Marie Graillon	145
— du Prince d'Orange	145
Mesué	72
Métal anglais	165
Minutes notariales. . .	82
Méthridate	127
Mousquetaire à genoux.	218
Moutardier (Enseigne du)	29
Myre.	214

N

Notaires (Minutes de). .	99

O

Obituaire de J. Hobbe.	85
Obstetrices	214
Oculistes Romains. . .	4
Œurieul	199
Oingt.	65
Oiselets de Chypre. . .	151
Omple	188

TABLE DES CHAPITRES

Chapitre I

Chapitre VI

Chapitre VII

Chapitre VIII

Chapitre IX

Chapitre X

Chapitre XI

Chapitre XII